2012년
자기계발을 위한
트렌드 **키워드**

Trend

2012년
자기계발을 위한
트렌드 키워드

김미경 지음

21세기북스

일상의 작은 깨달음을
선물하고 싶습니다

'김미경의 파랑새'를 시작한 지도 벌써 1년이 다 되어갑니다. 파랑새 강연은 한국 강의 역사상 전무후무한 실험이었죠. 저는 매달 전혀 다른 주제의 자기계발 강의를 선보였고 청중들은 3만 원이라는 거금을 내고 기꺼이 제 강의를 들으러 와주셨습니다. 심지어 부산, 대전, 광주 등 지방에서 찾아온 이들도 적지 않았어요. 매달 500명에 가까운 청중이 공연장을 가득 메워주셨습니다. 지금까지 파랑새 강연에 다녀간 청중들만 6000명이 넘을 정도니까요.

그렇게 해서 얻은 수익금의 3분의 1은 매달 아름다운재단에 기부됐습니다. 인생의 출발점에서 배우고 싶어도 가난 때문에 포기해야 했던 대학생들의 장학금으로 돌아간 것이죠. 배움과 나눔의 선순환. 이것이 제가 파랑새를 만든 '이유'였고 수많은 청중들이 확인해준 '의미'였습니다.

김미경의 파랑새를 진행하면서 가장 공들인 것은 역시 콘텐츠였습니다. 파랑새의 청중은 보통 청중이 아니었으니까요. 콘서트도 연극도 아닌 강연에 3만 원씩이나 투자한다는 것은 웬만한 열정 가지고는 불가능합니다. 이미 배움과 자기계발이 '습관화된' 고급 청중을 만족시키기 위해서는 남다른 준비가 필요했습니다.

게다가 파랑새는 매달 전혀 다른 주제로 진행됩니다. 지금까지 다룬 주제만 해도 아이패드적 사고, 스피치, 하루경영, 30대 여성의 자기계발, 사장 연습, 돈의 이치, 직장인 남녀 탐구생활 등 열두 가지가 전부 제각각입니다. 주제는 다 다르지만 그 어느 것도 소홀히 하지 않으려면 깊은 통찰이 필요했기에 콘텐츠를 만드는 과정은 처음부터 끝까지 고통의 연속이었습니다. 무대에서의 한 시간 반을 위해 짧으면 한 달에서 길게는 두세 달씩 준비와 연습을 거듭해야 했으니까요.

그렇게 탄생한 파랑새의 강의 하나하나는 제게는 마치 자식과도 같습니다. 때문에 좀 더 많은 분들에게 소개하는 방법을 고민하던 중 기회가 왔습니다. 파랑새 팬들과 출판사의 요청으로 '김미경의 책으로 만나는 강의' 시리즈를 발간하게 된 것이죠.

이 시리즈는 단순한 강의 요약본이 아닙니다. 강의라는 특성상 줄일 수밖에 없었던 다양한 근거와 에피소드, 시간상 뺄 수밖에 없었던 콘텐츠들을 대폭 보강했습니다. 비록 얇은 책이지만 단행본으로서 그 나름의 완결성을 추구한 것이죠.

김미경의 파랑새가 계속되는 한 '김미경의 책으로 만나는 강의'

시리즈도 앞으로 1년에 서너 번씩 독자 여러분의 창을 두드릴 예정입니다. 이 책이 여러분의 일상에서 작은 깨달음을 얻게 하고, 작은 변화를 일으키는 반가운 선물이 되기를 소망해봅니다.

　　　　　　　　　　－ 2012년 1월 서교동에서 김미경 드림

트렌드를 통해
미래의 '나'를 예언하라

연말이 되니 각종 트렌드 전망이 쏟아지기 시작했다. 대부분 올해의 경제 전망, 혹은 문화사회 트렌드에 관한 것들이다. 서점에 갔더니 아예 2012년을 전망한 책들을 모아둔 코너가 따로 있었다. 그만큼 사람들이 올해에 과연 무슨 일이 벌어질지 궁금해하고, 또 불안해한다는 얘기다.

각종 트렌드 예측서들을 뒤적이면 비슷비슷한 얘기들의 반복이다. 올해에 경제가 어렵다느니, 이변이 속출할 거라느니, SNS가 대세라느니, 총선과 대선으로 세대 갈등이 첨예하다느니 하는 분석들이다. 그런데 읽으면 읽을수록 뭔가 허전하다. 가장 중요한 무엇인가가 빠졌기 때문이다.

'뭔 말인지 다 알겠는데…… 그래서 새해에 어떻게 살라고?'

삼성경제연구소가 내 '생업 트렌드'까지 예언할 수는 없는 노릇이다. 올해 치킨집을 창업하면 잘될지 아니면 지금의 직장을 계속 다녀야 할지, 올해에 중국어를 배워야 할지 아니면 스피치를 배워야 할지, VIP 마케팅을 할지 아니면 위로 마케팅 전략을 써야 할지 일일이 가르쳐줄 수는 없다.

하지만 적어도 '올해의 주변 환경이 이렇게 변할 테니 너는 이런 방향으로 자기계발을 하면 좋지 않겠느냐'는 힌트 정도는 줄 수 있지 않을까? 사람들이 가장 목말라하는 자기계발의 '2012년 트렌드'를 짚어주는 것이다. 그렇게 탄생한 강연이 지난해 12월 '김미경의 파랑새'에서 했던 '2012년 자기계발 5대 키워드'다. 영하의 날씨에도 불구하고 무려 800여 명의 청중이 강의장을 가득 메웠다.

당시 내가 제시했던 첫 번째 키워드는 멘토십(mentorship)이었다. 이제 20~30대들에게 '리더십'은 올드한 단어다. 컴퓨터와 함께 자라난 N세대들은 기본적인 사고 자체가 방사형이다. 무엇이든 '나'라는 핵을 중심으로 생각하고 소통한다. 권위, 전통, 수직적 명령 체계에 길들여진 40대 이후의 '피라미드형 인간'과는 태생 자체가 다르다. 이들에게 가장 중요한 것은 자발성이다. 내가 하고 싶은 것, 사고 싶은 것, 롤모델로 삼고 싶은 인물을 스스로 결정한다. 자발성은 오직 진정성과만 거래한다. 이들과 진정성 있게 공감하고 소통하며 이들을 일깨워줄 만한 스토리를 가진 인물만이 멘토로 인정받는다.

2012년 대선에서도 멘토십을 가진 인물이 당선될 가능성이 높다. 사람뿐만이 아니라 방송 콘텐츠나 제품에도 멘토십이 적용될 수 있다. '울랄라 세션'을 배출한 「슈퍼스타K 3」나 아이폰, 아이패드 같은 제품이 대표적이다. 「슈퍼스타K 3」 안에는 지원자들의 진정성 있는 스토리와 시청자와의 소통, 공감 코드가 가득했다. 스마트폰 시대를 연 크리에이티브의 대명사인 아이폰 또한 앱스토어라는 쌍방향 플랫폼을 만들어 전 세계 유저들을 애플 마니아로 만들었다. 이런 멘토십의 속성을 분석해 나 자신과 내가 만드는 제품, 서비스에 적용한다면 다가오는 불황에도 흔들리지 않을 강력한 무기를 갖게 될 것이다.

2012년의 다섯 가지 자기계발 트렌드

두 번째 키워드는 공공성이다. 지난해 대재앙을 겪은 일본은 2012년 올해의 한자로 '키즈나(絆, 얽어맬 반)'를 선정했다. 지진 참사를 통해 역으로 사람들 간의 연대가 얼마나 소중한지 느꼈다는 것이다. 앞으로 기상 이변, 천재지변에 유럽발 금융위기까지 각종 이변이 속출하면 역으로 공공성에 대한 요구가 커질 수 있다. 미래에 대한 불안을 공동체의 힘으로 극복하고자 하는 것이다. 최근 들어 생협운동, 교육공동체, 심지어 의료공동체까지 생겨나는 현상만 봐도 알 수 있다. 적은 자본을 가지고서 공동체의 힘으로 할 수 있는 작은 사업들을 주목할 필요가 있다. 또한 개인과 기업의 사회적 책임에 대해서도 깊이 있는 고민을 시작할 때다.

세 번째 키워드는 위로이다. 끝이 보이지 않는 불황의 터널에 접어들면서 사람들은 불안과 불만 속에서 힘든 하루하루를 보내고 있다. 이럴 때일수록 기업은 위로 마케팅을 펼치고 개인은 자기 치유에 투자해야 한다. 사람들의 마음을 진심으로 어루만지는 기업과 개인일수록 불황에서 더 빨리 빠져나올 수 있다.

네 번째 키워드는 원천 기술이다. 경제가 어려울수록 경쟁은 치열해진다. 결국 시장에서 살아남는 것은 가공 기술이 아닌 원천 기술이다. 얄팍한 가공 기술만 연마한 인재는 이미 시장에 차고 넘친다. 오랫동안 갈고닦은 원천 기술만이 트렌드에 맞게 자유자재로 변형 가능하고, 끝까지 살아남을 수 있다. 당신과 당신 회사의 원천 기술을 처음부터 다시 점검하고 만약 그것이 없다면 원천 기술 개발에 매달려야 한다.

　마지막 키워드는 융합이다. 불황에도 살아남으려면 틈새시장을 개척해야 한다. 그러려면 융합은 필수적이다. 나의 원천 기술을 기본 재료로 하고 원천 기술과 가장 거리가 먼 것, 그리고 트렌드를 접목시켜 보자. 완전히 새로운 콘텐츠가 만들어질 것이다. 예를 들면 요새 선풍적인 인기를 끌고 있는 「나꼼수」가 대표적이다. 정치평론이라는 원천 기술에 그것과 가장 거리가 먼 예능 그리고 팟캐스트라는 트렌드를 융합했더니 기상천외한 대박 상품이 나왔다. 당신의 일, 사업에 이러한 융합 공식을 한번 적용해보자.

자, 나의 자기계발 트렌드 예언은 여기까지다. 이 중에서 자신에게 맞는 키워드를 잘 골라 여러분 스스로 2012년의 나를 '예언'하길 바란다.

| 차 례 |

Part 3 2012년 자기계발 5대 키워드

트렌드는 최근 겨울만 되면 거리로 쏟아지는 '어그부츠' 같은 것이 아니다. 지금으로부터 최소한 5년 정도 세상의 흐름을 좌지우지할 그 무엇이 바로 트렌드다. 때문에 트렌드를 읽는다는 것은 불확실한 미래를 확실한 나의 미래로 만드는 일, 즉 나를 예언하는 행위다.

Part 1

트렌드란
무엇인가

01

트렌드는
미래의 언어다

기술과 산업, 문화의 발달과 함께 모든 트렌드는 피고 지기를 반복한다.
중요한 것은 언젠가 현실로 맞부딪칠 미래의 트렌드를 미리 간파해야 한다는 사실이다.
세상이 와서 알려줄 때는 이미 늦다.
미래의 언어를 현재의 언어로 가져와 내 것으로 만들어야 한다.

트렌드를 가장 먼저 읽은 자가
세상을 바꾼다

매년 연말이 다가오면 각종 경제연구소나 미래학자들은 바빠진다 내년 트렌드 분석을 목 빠지게 기다리는 사람들 때문이다. 트렌드가 과연 무엇이길래 이런 열풍까지 부는지 새삼 궁금해진다. 독자 여러분이 각자 트렌드의 정의를 내려본다면 어떻게 말할 수 있을까?

트렌드는 종종 유행과 혼동되기도 한다. 그러나 트렌드는 최근 겨울만 되면 거리로 쏟아지는 '어그부츠' 같은 것이 아니다. 지금으로부터 최소한 5년 정도 세상의 흐름을 좌지우지할 그 무엇이 바로 트렌드다.

때문에 트렌드를 읽는다는 것은 불확실한 미래를 확실한 나의 미래로 만드는 일, 즉 나를 예언하는 행위다. 옛날부터 트렌드를 예언하는 사람은 엄청난 권위를 가졌다. 신의 힘을 빌려

미래를 예언하는 선지자들의 영향력은 막강했다. 이처럼 트렌드는 엄청난 잠재력을 갖고 있는 미래의 언어다.

그렇다면 미래의 언어는 어디에서 오는 걸까. 지금 우리의 눈앞에 흘러가는 트렌드는 갑자기 하늘에서 뚝 떨어진 것이 아니다. 모든 트렌드는 과거의 어떤 시점부터 시작돼서 지금까지 흘러온 것들이다. 그중에는 계속 상승곡선을 타는 트렌드도 있고 정점을 찍은 후 사양길로 접어드는 트렌드도 있다.

흔히 우리가 말하는 트렌드 세터는 트렌드의 창조자라기보다는 발견자에 가깝다. 아이패드로 전 세계에 태블릿PC 열풍을 만들어낸 고(故) 스티브 잡스. 그러나 태블릿PC는 그만의 독창적인 발명품이 아니다. 2001년 마이크로소프트가 이미 최초로 태블릿PC를 내놓았지만 대중화되지 못했고 마니아들 사이에서 간신히 명맥을 유지하는 정도였다. 비싸며 느리고 사용할 수 있는 소프트웨어가 별로 없다는 치명적인 문제점이 있었기 때문이다. 때문에 대다수의 기업들은 태블릿PC를 실패작 취급했다.

하지만 잡스는 세 가지 치명적인 약점을 충분히 해결할 수 있는 트렌드가 오고 있음을 감지했다. 3G 무선인터넷의 보급과 자신이 만든 앱스토어의 등장으로 태블릿PC의 주요 문제를 해결할 수 있게 된 것이다.

잡스는 이런 트렌드를 가장 먼저 읽은 사람이었다. 이처럼 대다수의 트렌드 세터들은 시대의 흐름을 남보다 앞서 읽을 줄 안다. 미래의 흐름을 현재의 시점으로 읽을 줄 아는 사람은 '시대의 아이콘'이 된다. 그동안 길러왔던 실력이 트렌드와 제대로 만나면서 성공을 거머쥐는 것이다.

반면 어떤 트렌드가 이미 과거형이 된 시점에야 그것을 뒤늦게 알아채는 사람도 있다. 대표적인 사람이 바로 우리 엄마, 홍순희 씨다. 평생 양장점을 했던 엄마는 20여 년간 트렌드 세터의 지위를 누렸다. 몸뻬 바지와 치마저고리 일색이었던 증평 촌구석에 서울에서 양장을 배운 홍순희 여사가 나타났을 때, 동네 사람들은 신선한 문화적 충격에 빠졌다. 너도나도 옷을 맞춰 입기 시작했고 엄마 밑에 직원 서너 명을 둘 정도로 양장점은 언제나 호황이었다.

트렌드에 지면
인생이 피곤해진다

그러다 내가 대학에 들어갔을 무렵인 1980년대 중반부터 양장점의 손님이 점점 줄기 시작했다. 급기야 하루 10명씩 오던 손님이 한 명도 보이지 않았다. 기성복 '논노'가 등장했던 것이다. 양장점과 달리 가격도 싸고, 몇 번씩 귀찮게 왔다 갔다 하지 않아도 되는 논노의 등장에 시골 사람들은 또 한 번 열광했다. 수십 년 단골도 트렌드 앞에서는 무력했다.

　때마침 나는 트렌드의 직접적인 '피해자'가 되고 말았다. 서울로 처음 올라왔을 때 나는 하숙집도 아닌 쪽방 신세를 져야 했다.

　"미경아, 어쩌면 좋으냐. 양장점이 안돼 갖고 너한테 조그만 쪽방 하나 얻어주고 내려가려니 엄마가 너무 마음이 아프다."

　빨갛게 충혈된 눈으로 멀어져가던 엄마를 보면서 나는 트렌

드를 읽지 못하면 어떻게 되는지 뼈저리게 실감했다. 엄마는
고객이 양장점에 와서 알려줄 때까지 전혀 감을 잡지 못했다.
20명의 고객이 한 명으로 줄고, 그 마지막 한 명이 "아유, 요새
누가 옷을 맞춰 입어. 그냥 기성복 사지"라고 말했을 때에야 비
로소 눈치챈 것이다. 그러나 그때는 이미 게임이 끝난 상황이
었다. 엄마는 양장점 안에 늘 손님이 북적북적할 때부터 이 사
태를 예측했어야만 했다. 「대한뉴스」에서 제일모직이 공장을
늘린다는 뉴스를 내보낼 때 눈치챘어야 했다.

　그러나 때를 놓친 엄마는 애먼 논노만 엄청나게 미워했다.
논노 때문에 자신이 이렇게 힘들어졌다는 것이다. 그러나 따지
고 보면 그게 왜 논노 잘못이겠는가. 그들은 자신의 생업 트렌
드에 충실했을 뿐이다.

　시대마다 트렌드를 잡지 못한 사람들은 어디에나 있다. 그들
의 공통점은 늘 세상 탓을 한다는 것이다. 양장점 못지않게 트
렌드에 밀린 대표적인 자영업이 바로 주산 학원이다. 내가 어
렸을 때만 해도 동네마다 주산 학원이 하나씩 있었다. 그런데
1990년대 중반, 주산 학원이 일시에 초토화되면서 원장들은
다들 한마디씩 했다.

　"그놈의 컴퓨터 때문에!"

　그러나 컴퓨터가 무슨 죄인가. 컴퓨터 회사는 자기가 할 일
을 했을 뿐이다. 문제는 컴퓨터의 시대가 오고 있다는 것을 몰

랐던 그 자신이다. 아이들이 와서 "엄마가요, 이제 주산 학원 끊고 컴퓨터 하래요!"라고 알려줄 때까지 모르고 있었다면 이미 버스는 지나간 것이다.

세상이 트렌드를
알려줄 때는 이미 늦다

나는 전직 피아노 학원 원장이다. 그 때문인지 얼마 전 피아노 학원 단체에서 강의 요청을 해왔다. 원장님들의 고민이 많다는 것이다. 그도 그럴 것이 요즘 피아노 학원이 녹록치 않다. 내가 피아노 학원을 했던 1990년대만 해도 분위기가 요즘 같지 않았다. 그때는 지금처럼 학원의 종류가 많지 않을 때라 웬만한 중산층 가정의 아이들은 다들 피아노를 배웠다. 아무리 시골이라도 동네에 피아노 학원이 하나씩은 다 있었다.

그런데 요즘에는 아이들이 배울 게 어디 한두 가지인가. 오보에, 플룻, 바이올린, 오카리나 등 악기만 해도 배울 게 천지인데 적어도 4~5년은 해야 베토벤을 칠 수 있는 피아노만 붙잡고 있을 여력이 없다. 그렇다면 단기간에 피아노를 마스터할 수 있는 방법은 없을까? 아니면 피아노와 융합해 시너지를 낼 수 있는 다른 교육 콘텐츠가 없을까?

　이미 사양산업이 돼 가고 있는 피아노 학원을 살릴 수 있는 트렌드를 진지하게 고민해야 할 때다. 그런데 강연을 마치고 만난 몇몇 피아노 학원 원장님들은 아직도 세상 탓을 하고 있었다. 청와대에 계신 분이 영어 교육을 하도 강조하는 바람에 피아노 학원이 망했다는 것이다. 답답한 마음은 알겠지만 트렌드에 관한 한, 시대를 욕하는 것은 별 의미가 없다. 기술과 산업, 문화의 발달과 함께 모든 트렌드는 피고 지기를 반복한다. 중요한 것은 언젠가 현실로 맞부딪칠 미래의 트렌드를 미리 간파해야 한다는 사실이다. 세상이 와서 알려줄 때는 이미 늦다. 미래의 언어를 현재의 언어로 가져와 내 것으로 만들어야 한다.

　1977년, 그 가난했던 시절에 첨단 반도체 사업을 시작했던 삼성의 이병철 회장은 '선견지명'의 대명사로 손꼽힌다. 그러나 삼성 반도체가 수익을 제대로 내기 시작한 것은 기술력이 무르익은 1983년 무렵부터다. 이전까지만 해도 반도체 사업은 '황금알을 낳는 거위'가 아니라 '돈 먹는 하마'였다. 초기 투자 비용이 너무 많이 들어 경쟁 회사들이 속속 사업을 포기할 정도였다. 삼성도 반도체 때문에 그룹 전체가 여러 번 휘청거렸다. 그러나 이병철 회장은 자신의 꿈을 포기하지 않았다. 결국 트렌드를 읽는 혜안 덕에 한국은 지금과 같은 IT 최강국이 될 수 있었던 셈이다.

트렌드는
관찰의 언어다

관찰이 수만 개 쌓이면 그 안에 하나의 길이 생기고,
우리는 이것을 '통찰'이라고 부른다.
통찰은 곧 미래의 트렌드를 꿰뚫어 보는 통로다.

관찰이 겹겹이 쌓이면
통찰이 된다

그렇다면 트렌드는 과연 어떻게 읽을 수 있을까. 2012년을 앞두고 삼성경제연구소를 비롯한 수많은 싱크탱크가 2012년 경제 전망을 내놓았다. 그러나 여기서 중요한 것이 하나 있다. 내 생업이 어떻게 될지는 삼성경제연구소도 절대 모른다는 사실이다.

지금 경영하고 있는 피아노 학원이 내년에는 잘될지, 내년에 치킨집을 개업하면 망하지 않겠는지, IT 회사로 이직을 하려고 하는데 전망이 괜찮을지 누구도 확실한 대답을 해줄 수 없다. 세상의 모든 트렌드는 가장 치열하고 절실한 사람이 잘 읽는다. 때문에 우리 각자의 생업 트렌드는 스스로에게 물을 수밖에 없다.

트렌드는 미래학자가 아니라도, 삼성경제연구소 박사가 아니더라도 읽을 수 있다. 한 가지 예외 없는 법칙은, '관찰하면 보인다'는 평범한 진리다. 매일같이 신문과 인터넷을 보면서 적어도 내 생업과 관련한 자료는 다 수집하는 것이다. 내가 아는 한 게임 개발자는 트위터를 통해 실시간으로 게임 트렌드를 체크한다. 외국의 유명한 게임 개발자를 팔로잉해서 그가 올리는 게임 관련 글을 샅샅이 읽는 것이다. 그것만으로도 해외 트렌드를 손바닥처럼 읽어낸다. 이렇게 관찰이 수만 개 쌓이면 그 안에 하나의 길이 생기고, 우리는 이것을 '통찰'이라고 부른다. 통찰은 곧 미래의 트렌드를 꿰뚫어 보는 통로다.

성공한 CEO들은 대부분 통찰력이 뛰어나다. 그도 그럴 것이 그들은 언제나 '내년에 뭘 먹고 사나'를 고민한다. '5년 후에 우리 회사가 뭘 하면 잘될까.' '10년 후에 우리 회사는 어디로 가야 하나.' 이것이 모든 CEO의 고민이다. 때문에 CEO들은 대부분 5시 이전에 일어난다. 5시 이전은 원래 귀신이거나 '귀신같은 일'을 하려는 사람만 깨어 있는 시간이다. 나와 회사의 미래를 귀신처럼 꿰뚫어 보는 일이야말로 CEO의 가장 중요한 능력인 셈이다.

이는 개개인도 마찬가지다. 우리는 각자 인생의 CEO다. 때문에 내 비전을 내가 말할 수 있는 능력을 길러야 한다. 그러려면 트렌드를 관찰하는 것은 필수다. 관찰이 습관이 되면 때로는 어마어마한 통찰력을 발휘할 수도 있다.

일본의 종합상사인 이토추를 일군 세지마 류조 전 회장은 '정보의 달인'이라고 불린다. 그는 군대에서 일했던 경험을 되살려 기업에 참모 조직을 도입했고 전 세계에서 수집한 정보력을 이용해 섬유 수출 업체에 불과하던 이토추를 최대 종합상사로 끌어올렸다.

1973년 당시 이토추의 임원이었던 세지마 류조는 전 세계를 뒤흔든 오일쇼크를 정확히 예견해 세상을 놀라게 했다. 심지어 그는 아랍 국가들의 이스라엘 폭격 날짜까지 맞혔다. 그 비결은 특별한 게 아니었다. 단지 아랍 국가의 신문을 스크랩해 동향을 주도면밀하게 관찰했던 것뿐이었다. 제4차 중동전쟁의 발발로 배럴당 2.59센트였던 기름 값은 1년 뒤, 11.65센트로 무려 4배 가까이 올랐다. 세지마 류조의 보고를 믿고 미리 기름을 사두었던 이토추 종합상사는 그야말로 떼돈을 벌어들였다. 그의 신기에 가까운 예측은 두고두고 화제가 됐다. 그러나 그는 신기 있는 사람이 아니라 신기에 가까울 정도로 '관찰'한 사람이었다.

적어도 '생업 트렌드'만큼은 눈여겨보라

이처럼 변화가 빠른 시대에는 트렌드를 관찰하는 능력이 곧 수익으로 직결된다. 반면 트렌드 관찰을 게을리하면 꼭 그만한 대가를 치르게 된다. 내 친구 중에 아현동에서 오랫동안 웨딩 사업을 했던 이가 있다. 그런데 요즘에는 만날 때마다 죽는소리다. 장사가 너무 안 된다는 것이다.

"미치겠다. 10년 전만 해도 손님들로 정신없었는데 요즘에는 반에 반도 안 와."

나는 그 친구를 보면서 엄마를 떠올렸다. 친구 역시 트렌드를 읽지 못하고 푸념만 하고 있었다. 옛날에야 여자들이 결혼날짜 잡으면 신부 수업을 핑계로 6개월 동안 신나게 드레스숍을 돌아다녔지만 요즘에도 그랬다간 시집가긴 글렀다. 대부분 직장인들이고, 결혼 후에도 맞벌이가 당연한 요즘 여자들은 시간이 없다. 결혼 준비에 필요한 수십 개의 체크리스트를 대신 작성해줄 전문가가 필요하다. 그래서 요즘에는 웨딩컨설턴트들이 다 알아서 해준다. 드레스는 물론 메이크업, 웨딩 사진, 결혼식장, 신혼여행까지 한두 번의 상담으로 계약이 끝난다.

친구는 10년 전에 가게에 사람이 많을 때부터 이런 사태를 예상했어야 했다. 직장 여성에 맞도록 모든 제품과 서비스를 바꿨어야 했다. 하지만 친구는 자신의 생업과 관련된 트렌드에 너무 무심했다. 아침 드라마는 열심히 챙겨 보면서 뉴스와 신문과는 담을 쌓고 살았다. 그러나 적어도 내 생업과 관련된 정보는 다양한 채널로 체크했어야 했다. 관찰이 하나의 습관이 될 때까지 말이다. 그렇지 않으면 결국 손님이 와서 트렌드를 알려준다.

최근 경제성장률이 둔화되고 경쟁이 치열해지면서 '사' 자 붙은 직업들도 어렵기는 마찬가지다. 한때 엄청난 인기를 누렸던 한의원도 100곳이 문을 열면 75곳이 폐업할 정도로 고사 직전이다. 경쟁도 치열해졌지만 주요 수익원이었던 한약을 각종 건강식품들이 대체하면서 타격을 입은 것이다. 한의학계 내부에서는 시장에 비해 너무 많은 인력이 배출되고 있다고 목소리를 높이고 있다. 그러나 나는 그것이 선배들이 할 얘기는 아니라고 본다.

아무리 어렵다고 해도 우리나라에서 한방이나 침술 자체가 없어질까. 바뀐 트렌드에 맞게 한의학이 진화할 수 있는 길을 찾는 게 가장 중요하다. 물론 그 일을 삼성경제연구소의 연구원이 대신 해줄 수는 없다. 한의사들 각자가 트렌드를 관찰해 새로운 진화의 길을 모색하는 수밖에 없다.

트렌드 관찰의
일곱 가지 영역

다만 몇 가지 힌트는 줄 수 있다. 한국트렌드연구소의 김경훈 소장은 트렌드 관찰의 영역을 일곱 가지로 나눴다.

첫 번째는 법 혹은 제도의 변화다. 법이나 제도는 가장 보수적이지만 한 번 바뀌면 사회적 파장이 그 어느 것보다 크다. 최근 길거리에서 담배를 피우지 못하게 규제하는 서울시 조례안이 발의됐다. 길거리 흡연이 금지되면 어떤 트렌드가 생겨날까. 아마 흡연 가능 구역만 지도로 표시해주는 어플이 뜨지 않을까? 이처럼 제도가 바뀌면 누가 어떤 욕구를 보일지 면밀히 관찰할 필요가 있다.

두 번째는 여론의 쟁점이다. 우리 사회에는 언제나 이슈가 차고 넘친다. 그리고 관심이 모인 만큼 그곳에서 새로운 변화들이 잉태된다. 지난해 최고의 히트작인 「나꼼수」는 수많은 논란의 중

심에 서 있었다. 트렌드를 관찰하기 위해서는 찬반 논란에 휩쓸리기보다는 이슈 안에 자리 잡은 새로움에 주목할 필요가 있다. 「나꼼수」 속에 담긴 정치의 예능화, 팟캐스트와 SNS의 힘을 관찰하다 보면 올해의 새로운 트렌드가 보일 것이다.

세 번째는 인구통계다. 5년에 한 번씩 발표되는 통계청의 인구주택 센서스 결과는 물론, 매달 각종 기관에서 발표하는 통계지수도 살펴볼 필요가 있다. 연령계층별 인구분포도만 봐도 5년 후, 10년 후의 큰 그림이 그려진다. '현재의 인구통계가 시간 변화에 따라 이동하면 어떤 일이 생길까?'라는 관점과 자신의 문제의식을 접목시키면 다양한 예측이 가능하다.

네 번째는 신상품이다. 모든 신상품을 눈여겨보라는 말이 아니다. 신상품 속에 접목된 새로운 코드를 찾으라는 것이다. 럭셔리 요소를 가미했는지 친환경이라는 이미지를 부각시켰는지, 아니면 공익과 사회적 책임이라는 키워드가 숨어 있는지 관찰하면 새로운 트렌드가 보일 것이다. 스티브 잡스가 만든 아이폰은 진정한 스마트 시대를 열었다.

다섯 번째는 새로운 문화 현상이다. 새로운 문화 현상은 어느 날 갑자기 등장한 욕구가 아니라 준비된 욕구가 문화와 만나는 현장에서 생긴다. 따라서 문화 현상의 배후에 있는 새로운 욕구는 곧 트렌드의 징후다. 지난해 서점가를 강타했던 『아프니까 청춘이다』 신드롬은 위로를 갈구하는 전 국민의 욕구가 김난도 교수의 글과 만나는 지점에서 터져 나왔다. 이런 문화 현상의 배후에 깔린 소비자의 감성 변화를 읽어내는 게 중요하다.

여섯 번째는 라이프스타일이다. 요즘 사람들은 이제 가만히 앉아서 공부하지 않는다. 스마트폰을 이용해 걸어 다니면서 배운다. 때문에 긴 강의는 힘들다. 5분에서 10분 이내의 짧은 강의가 대세다. 쇼핑도 걸어 다니면서 한다. 스마트폰으로 상품 검색부터 결제까지 한꺼번에 해결한다. 그렇다면 올해 대중은 스마트폰으로 또 무엇을 하고 싶을까.

마지막 일곱 번째는 신기술의 출현이다. 최근에 출시된 아이폰 4S에는 '시리(Siri)'라는 음성인식 소프트웨어가 탑재됐다. 단순한 음성인식 정도가 아니다. 시리는 일종의 '디지털 비서'다. 스케줄을 관리하고, 나 대신 이메일도 보내고 주변의 맛집도 찾아준다. 아직은 서비스 초기 단계지만 앞으로 전 세계인이 시리라는 개인 비서를 갖게 되면 어떤 일이 벌어질까. 아마 가까운 미래에 우리의 삶도 퍽이나 달라질 것이다.

지금까지 트렌드를 관찰할 때 필요한 일곱 가지 영역을 살펴보았다. 김경훈 소장은 이것이 꼭 절대적인 기준은 아니라고 말한다. 각자 자신의 주관에 따라 징후가 나타난 영역을 세분화할 수 있다는 뜻이다. 중요한 건 현상 속에 숨은 배후를 캐는 것이다. 징후에 숨어 있는 새로움을 찾아낸다면 미래는 이미 당신의 것이다.

트렌드는
결핍의 언어다

대다수가 특정한 이야기를 계속하는 이유는
그 시대에 그것이 가장 결핍돼 있기 때문이다.
그리고 이는 몇 년 후에 분명히 트렌드가 된다는 의미다.

한 시대의 화두는
그 시대의 콤플렉스다

최근 시골의사 박경철 씨가 펴낸 『자기혁명』이라는 책에 이런 구절이 나온다. "한 시대의 화두는 그 시대의 콤플렉스다." 그 시대에 가장 결핍된 것이 결국 새로운 트렌드를 만든다는 얘기다. 내가 대학에 다니던 1980년대의 최대 화두는 바로 민주화였다. 모든 사람들이 '타는 목마름으로' 민주화를 원했다. 그리고 우리는 지금 과거에 비해서 훨씬 더 민주화된 사회에서 살고 있다. 태블릿PC가 처음 나왔을 때 사람들은 다들 한마디씩 했다.

"야, 이건 다 좋은데 저장 공간이 없네?"

그러자 곧바로 클라우드 서비스가 탄생했다. 이처럼 현재의 트렌드는 과거 트렌드의 결과물이다. 본질적으로 인간이 더 행복하게 살겠다고 발버둥 친 결과물인 셈이다. 대다수가 특정한 이야기를 계속하는 이유는 그 시대에 그것이 가장 결핍돼 있기 때문이다. 그리고 이는 몇 년 후에 분명히 트렌드가 된다는 의미다. 여기에는 기존의 관습, 습관, 이데올로기, 제도, 법, 사회 시스템 같은 요소들이 포함된다.

그러나 욕구의 해소가 만족을 의미하지는 않는다. 결핍의 해결 과정에서 사회적 타협을 하는 경우가 더 많다. 더구나 인간은 새로운 것을 추구하려는 근본적인 욕구를 가지고 있다. 따라서 새로움, 편리함, 행복 등에 대한 결핍은 완전히 사라지지 않는다. 오히려 변화된 사회에 적응해가면서 다른 차원의 욕구가 더 커지기도 한다. 이로부터 새로운 욕구가 생기고, 사회적으로 공감대가 넓어지면서 새로운 트렌드가 시작된다.

때문에 우리는 일상적으로 결핍에 주목할 필요가 있다. 내 분야, 내 생업에서의 최대 결핍이 무엇인지를 빨리 찾아내야 한다.

'내 웨딩숍에서 가장 결핍된 것은 무엇인가, 한의원에서 사람들이 가장 목마르게 찾는 것은 무엇인가. 그것이 다음 트렌드다'

이런 식으로 머릿속에서 일종의 '트렌드 공식'을 만들어 매일 관찰해보자. 그러면 미래의 언어를 현재의 언어로 만들 수 있다 '공기가 너무 오염돼서 못 살겠다'고 한다면 맑은 공기는 분명히 다음 트렌드로 떠오른다.

"아이들 교육이 정말 문제야. 어떻게 하면 사교육 걱정 없이 아이를 키울 수 있을까?"

사람들이 이렇게 이구동성으로 외친다면 교육 문제가 최대의 화두로 떠오를 것이다.

트렌드는
얼리어답터에서 시작된다

물론 모든 트렌드는 나름의 성장 법칙을 가진다. 김경훈 한국
트렌드연구소장은 『트렌드 워칭』이라는 책에서 두 가지 법칙
을 제시했다.

첫 번째 법칙은 바로 '트렌드는 얼리어답터에 의해 채택된
후 다수의 수용자가 그것을 받아들여야 주류가 될 수 있다'는
것이다. 초기의 트렌드는 씨앗에 불과하다. 이 씨앗을 만들어
내거나 예민하게 전파시키는 이들은 소수의 혁신자 그룹이다.
이들은 누군가에게 트렌드를 전파시키는 데는 별다른 관심이
없고 자신만의 삶의 양식을 만드는 데 관심이 있다. 그러나 이
것이 '얼리어답터'를 만나면 얘기가 달라진다. 자기 분야 혹은
사회 전체에서 오피니언 리더인 경우가 많은 얼리어답터들은
새로운 것은 받아들이되 대중의 눈치를 살핀다. 깃발을 들고

나를 따르라고 외쳤을 때, 대중이 따라오느냐 아니냐가 이들에게는 대단히 중요하다. 얼리어답터를 거쳐 다수의 조기 수용자들이 새로운 트렌드를 받아들이면 시장은 성숙해지기 시작한다.

아이팟이 처음 나왔을 때 그것은 얼리어답터만의 전유물이었다. 디자인과 인터페이스가 워낙 파격적인 데다 기존의 MP3 플레이어에 비하면 엄청난 고가였다. 시장의 상황도 그리 좋지 못했다. 실리콘밸리가 붕괴하고 있었고, 9·11 테러로 인해 시장분위기는 최악이었다. 많은 사람들이 아이팟의 실패를 예상했다.

그러나 애플에는 막강한 '얼리어답터 군단'이 있었다. 열렬한 매킨토시 팬들이기도 한 이들은 아이팟이 나오자마자 앞다투어 구매했다. 그러자 언제부터인가 미국의 대도시를 활보하는 멋쟁이들은 아이팟의 상징인 '흰색 이어폰'을 귀에 꽂고 다닌다는 사실이 발견됐다. '진정한 패셔니스타라면 아이팟!'이라는 공식이 생기면서 사람들은 너도나도 흰색 이어폰을 찾기 시작했다. 아이팟이 얼리어답터의 전유물에서 벗어나 다수의 대중에게 신드롬처럼 번져간 것이다. 결국 5년 만에 아이팟은 7000만 개 이상 팔리며 미국 MP3 시장의 75퍼센트를 장악했다. 이처럼 트렌드는 새로운 것을 부지런히 받아들이는 얼리어답터들에 의해 1차로 성장하고 2차로 다수의 수용자들에게 받아들여져야 주류 트렌드가 될 수 있다.

모든 트렌드는
수요가 있어야 성장한다

두 번째 법칙은 트렌드에 적용되는 경제 논리와 관련이 있다. 즉 '모든 트렌드는 수요가 있어야 성장한다.' 아무리 사람들의 욕구가 강하다고 해도 수요-공급의 원칙에서 벗어난 트렌드는 일시적인 유행에 그칠 가능성이 높다. 예를 들면 우주항공산업이 그것이다. 냉전 시대에는 미소 경쟁으로 달 탐사선을 보내고 보이저 1호를 쏘아 올리는 등 막대한 국가 예산을 투입했다. 그러나 냉전이 끝나자마자 수요는 급격히 줄어들었다. 나사(NASA)에서 구상 중인 화성 유인탐사선 발사 계획은 언제쯤에나 실현될지 미지수다.

또 하나 염두에 두어야 하는 것은 '욕구의 경제성'이다. 욕구의 경제성이란 인간이 욕구를 실현하기 위해 들인 노력에 대한 대가의 효율성을 말한다. 결핍을 채우기 위해 노력했는데 그

대가가 일정 수준 이상의 만족을 가져다주지 못하면 욕구 자체가 더 커지지 않는다는 것이다.

예를 들어 한때 유행했던 블로그와 미니홈피를 보자. 네이버, 다음과 같은 포털사이트와 싸이월드 같은 벤처 회사들이 블로그와 미니홈피를 내놓았을 때 사람들은 열광했다. 그동안 인터넷에서 자기표현을 하고 싶었지만 마땅한 도구가 없었기 때문이다. 그런데 시간이 지나면서 그것들을 꾸미고 관리하는 데 너무 많은 시간이 든다는 사실을 깨닫기 시작했다. 표현 욕구를 성취해서 얻는 즐거움보다 그것을 유지 및 관리하기 위해 들여야 하는 시간의 속박이 너무 강해지면 사람들은 점점 흥미를 잃는다. 자유가 줄어들기 때문이다. 이제는 블로그가 아닌 트위터나 페이스북 같은 SNS로 트렌드가 이동하고 있다. 140자 이내의 단문과 단순한 인터페이스로도 충분히 나를 표현하고 소통할 수 있다고 느끼는 것이다.

자유는 트렌드의 수명에 대단히 중요한 영향을 끼친다. 새로운 트렌드가 채워주는 욕구 만족도보다 자신의 삶이 속박당함으로써 자유가 줄어드는 정도가 더 크면 트렌드는 수명을 다하기 시작한다. 이처럼 트렌드는 수요-공급의 법칙 안에서 움직인다. 공급자의 일방적인 논리만으로는 결코 널리 퍼질 수 없는 것이다.

트렌드를 예측하기 위해서는 트렌드가 탄생해 성장하는 과정에 어떤 법칙이 숨어 있는지 제대로 공부할 필요가 있다. 또한 이를 내 생업에 끊임없이 적용시켜 생각해보는 노력이 필요하다. 혹시 지난해 트렌드를 잘못 읽어서 손해를 봤다면 올해부터라도 눈을 부릅뜨고 트렌드의 모든 것을 주도면밀하게 공부하자.

불황은 새로운 빈곤층을 만들어내고 있다. 실제로 1990년 이후 약 100만 가구가 새로이 빈곤층으로 전락했다고 한다. 이러한 신빈곤층을 우리는 '푸어(poor)'라고 부른다.

Part 2

2012년의
주변 환경

불황

이제 우리는 불황과 '더불어 사는 법'을 배워야 한다.
애써 외면하거나 막연히 몇 년 버티면 좋아질 것이라는
근거 없는 희망은 도움이 되지 않는다.
중요한 것은 냉철한 현실 인식이다.

'워킹푸어'로
내몰리는 중산층

자기계발 트렌드를 파악하기 위해서는 먼저 주변 환경을 살펴보는 것이 순서다. 비록 내가 엘빈 토플러 같은 미래학자는 아니지만 나 역시 생업이 달린 문제이기에 몇 달 동안 직원들과 함께 고심하고 수많은 책들을 독파하면서 2012년의 주요 키워드들을 뽑아냈다. 첫 번째는 많은 독자 여러분들이 예측하다시피 '불황'이다.

먼저 질문부터 해보자. 지금의 불황은 언제부터 시작됐을까? 아마 어떤 사람은 10년 전에 시작됐다고 말할 것이고, 또 다른 사람은 2008년부터 시작됐다고 할 것이다. 누군가는 작년이 제일 힘들었다고 말한다. 이것이 요즘의 불황이다. 1997년 IMF 때는 국가가 나서서 단체로 사태를 막았지만 이후에는 개개인이 돌려 막는 형국이다.

문제는 2012년이다. 불황이 시작된 시점은 각자 다르게 생각하지만 올해에 대해서는 이구동성으로 말한다.

"돈 벌기 정말 쉽지 않을 것 같아요"

암울한 전망이다. 그렇다면 내년에는 경기가 좀 나아질까? 올해 바닥을 친다면 내년에는 조금이라도 경제가 회복되지 않을까? 그러나 우리 모두는 이미 답을 알고 있다. 그런 일은 벌어지지 않는다는 것을.

2011년 내내 세계경제는 유럽 재정위기와 미국의 신용강등, 중국과 신흥국들의 연쇄적인 부진으로 흔들렸다. 대외 의존도가 높은 한국 경제에 불리한 상황이 연이어 발생한 것이다. 글로벌 민간 금융기관 연합체인 국제금융협회(IIF)는 2012년 글로벌 경제성장률 전망치를 4.0퍼센트에서 3.6퍼센트로 낮췄고, 특히 선진국 성장률 전망치를 당초 2.6퍼센트에서 1.8퍼센트로 하향 조정했다. 이런 영향으로 2012년 한국의 경제성장률 역시 2011년의 3.8퍼센트와 비슷하거나 더 낮아질 것으로 예상되고 있다.

그런데 숫자를 자세히 들여다보면 내용이 심각하다. 가계와 정부 및 지자체, 민간 기업의 부채가 수년째 계속 증가하고 있기 때문이다. 2007년 말과 비교해 2011년 말까지 금융부채는 무려 36퍼센트나 급증했다. 특히 가계부채는 가장 심각하다. 2011년 들어 가계 등 개인 부문의 소득 대비 금융부채 비율은

155.4퍼센트로 관련 통계가 나온 이래 최악의 수치를 기록했다. 소득보다 빚이 약 1.5배나 더 많다는 얘기다.

게다가 연일 치솟는 물가가 서민의 목을 조른다. 2011년의 연평균 물가상승률은 4.0퍼센트로 2008년 이후 3년 만에 최고 수준이다. 이는 OECD 평균보다 훨씬 높은 수치다. 2012년에도 공공요금을 비롯한 각종 생활물가가 오를 예정이라고 하니 작년보다 더 힘든 한 해를 보낼 가능성이 커졌다.

점심 값만 해도 이제는 최소 8000원에서 1만 원이다. 그 바람에 도시락을 싸들고 다니는 직장인이 늘고 있다. 우리 회사에서도 지난해부터 직원들이 사내 주방에서 직접 밥을 해 먹기 시작했다. 돌아가면서 요리하고 설거지하는 일이 꽤나 번거롭지만 한 달에 3~4만 원이면 밥값을 해결하니 다들 대만족이다. 최근 들어 구내식당을 이용하는 직장인들도 대폭 늘었다고 한다.

불황은 새로운 빈곤층을 만들어내고 있다. 실제로 1990년 이후 약 100만 가구가 새로이 빈곤층으로 전락했다고 한다. 이러한 신빈곤층을 우리는 '푸어(poor)'라고 부른다. 번듯한 집이 있지만 그 집 때문에 가난하게 사는 '하우스푸어(house poor)', 직장은 있지만 비정규직과 저임금이라는 딱지가 붙은 '워킹푸어(working poor)', 아이는 있지만 양육비와 교육비로 허리가 휘는 '베이비푸어(baby poor)' 등이 그것이다. 무늬만 중산층이거나 아예 무늬마저 빈곤층이 되어버린 신빈곤층의

초상이다.

내 주변에도 하우스푸어들이 적지 않다. 내 친구 중의 한 명은 몇 년 전 분당의 대형 아파트를 샀다가 오도 가도 못하는 신세가 됐다. 무리하게 2억 원이나 대출을 받아서 이사를 갔는데 집값이 오르기는커녕 몇 천만 원씩 떨어지기 시작한 것이다. 견디다 못해 아파트를 팔려고 내놨지만 대형 평형이라 지금까지도 팔리지 않는다는 것이다. 무늬만 중산층이지 대출 빚에 허리가 휘는 전형적인 하우스푸어다.

문제는 이런 상황이 올해로 끝나지 않는다는 것이다. 상당수 전문가들은 물론 일반 서민들도 이런 불황이 상당 기간 지속되리라는 것을 직감하고 있다. 어쩌면 우리는 '평생' 불황 속에서 살아갈 수도 있다.

불황과
더불어 사는 법

과거의 글로벌 불황은 대체로 전쟁이나 오일쇼크 같은 경제 외적 요소에 의해 발생했다. 반면 최근의 불황은 2008년 금융위기, 2011 유럽발 재정위기처럼 선진국 내부의 경제적 요인이 주요 원인이다. 현재 선진국에 닥친 위기는 곧 '부채의 위기'다. 금융위기는 민간부채 때문에, 재정위기는 정부부채 때문에 발생했다. 따라서 미국발 금융위기든 유럽발 재정위기든, 빚으로 커온 선진국 경제 시스템이 이제 한계에 봉착했으며 이를 치유하려면 어마어마한 시간과 구조조정의 고통이 따를 것임을 알 수 있다.

경제 전문가들은 그 속성상 선진국들이 현재의 재정위기에서 단기간에 빠져나오기는 힘들다고 말한다. 게다가 민간 부문의 자생적 회복력도 충분하지 못하고 정부의 경기 부양 여력도 글로벌 금융위기로 힘이 빠진 상태라서 상당 기간 동반 침체의 늪에 빠질 것이라고 분석한다. 결국 미국과 유럽은 장기간 침체에 빠질 가능성이 크고, 해외 의존도가 높은 우리나라의 성장 여력도 줄어들 수밖에 없다.

이 말은 무슨 뜻인가. 당분간 외부 환경이 좋아질 것이라는 기대는 아예 접는 게 좋다는 뜻이다. 갑자기 일자리가 넘쳐나고, 사두었던 아파트 가격이 확 오르고, 물가가 워낙 싸져서 월급을 아무리 써도 20퍼센트가 남는 일은 더 이상 벌어지지 않을 것이다. 내가 대학을 졸업했던 1986년만 해도 한국은 최고의 호황기였다. 대학 동창들 중 남자 동기들은 삼성, 현대, 금성(현 엘지전자) 같은 대기업에 골라서 들어갔다. 동시에 대여섯 군데씩 합격 통보를 받은 친구들도 수두룩했다. 그러나 지금은 아무리 명문대를 졸업해도 취업 전쟁에서 자유로울 수 없다.

이제 우리는 불황과 '더불어 사는 법'을 배워야 한다. 애써 외면하거나 막연히 몇 년 버티면 좋아질 것이라는 근거 없는 희망은 도움이 되지 않는다. 물론 그 반대도 문제다. 불황에 너무 겁을 먹은 나머지 쉽게 포기한다거나 도전을 멈추는 일도 바보 같다. 중요한 것은 냉철한 현실 인식이다. '나에게 과연 불황이란 무엇인지' 먼저 나만의 코드로 재해석해보자.

개인적으로 나는 불황을 두려워하지 않는다. 이미 IMF 때 '세게' 겪어봤기 때문이다. 당시 증권회사에 다니던 남편이

IMF로 직격탄을 맞으면서 아파트가 공중으로 날라 갔다. 설상가상으로 강의마저 뚝 끊겼다. 그야말로 생계의 위협을 느낄 정도였다. 그때 내가 가진 것은 오직 시간밖에 없었다. 나는 내가 왜 이렇게 허무하게 IMF에 당했는지 절절히 되돌아보면서 『나는 IMF가 좋다』라는 책을 썼다. 컴퓨터도 없어 손으로 한 자 한 자 원고지에 꾹꾹 눌러쓴 책이었다. 원고를 들고 출판사를 찾아다녔지만 가는 곳마다 퇴짜를 맞았다. 결국 아는 동창에게 부탁해 간신히 책을 냈는데 놀랍게도 베스트셀러가 됐다. 책이 잘 팔리면서 강의 요청도 덩달아 쏟아지기 시작했다. 몇 년 후 나는 오히려 IMF 이전보다 훨씬 더 유명해지고 경제적으로도 풍요로워졌다.

나에게 불황은
어떤 의미인가?

세상에는 두 종류의 길이 있다. 하나는 험난하게 돌아가는 커브길이고 다른 하나는 눈감고도 가는 직선 길이다. 우리는 IMF 때 이미 한 번 커브길을 경험했다. 커브길의 특징은 순위가 바뀔 수 있는 가능성이 높다는 것이다. 아무리 잘 달리는 사람도 커브길을 제대로 돌지 못하면 뒤처진다. 반면 커브길에 강한 사람은 오히려 속도를 내서 순위를 바꾼다.

그러나 직선 길은 아니다. 직선 길은 비슷한 기량을 가진 사람들이 뛸 경우 웬만해서는 순위가 바뀌지 않는다. 앞선 사람이 일부러 속도를 늦추지 않는 한 일정한 속도로 1, 2, 3등을 유지한다.

이는 마치 쇼트트랙 경기와도 비슷하다. 직선 길에서 따라잡지 못하다가 커브길에서 드라마틱한 순위 변동이 일어나는 장면을 우리는 수없이 목격했다. 한국 선수들은 유난히 커브길에 강하다. 나는 쇼트트랙 경기를 볼 때마다 가슴 졸이며 커브길이 빨리 나타나길 기다리곤 했다. 불황이라는 커브길을 어떻게 도느냐에 따라 운명이 엇갈린다. 코너링 실력을 이미 갖췄다면 다음번에는 지금보다 더 속력을 낼 수 있다. 이런 식으로 두세 번만 추월에 성공하면 세상에 두려울 게 없어진다. 나 역시 몇 차례의 커브길을 돌면서 불황을 이렇게 재해석하게 됐다.

'지금보다 10퍼센트 더 노력해야만 내가 원하는 것을 가질 수 있는 상황.'

이렇게 간단하게 정의하고 보니 두려울 게 없었다. 100퍼센트라면 몰라도 10퍼센트라면 그리 어렵지 않다. 독자 여러분도 나처럼 자신만의 정의를 내려보길 바란다. 나에게 불황이란 무엇인가. 내 생활 속에서 구체적으로 어떤 변화를 가져올 것인가. 대부분의 공포는 실체를 직시하는 순간, 물거품처럼 사라진다.

그러나 불황을 '불행'으로 착각하는 순간, 코너에서 주저앉게 된다. 교통사고나 암 같은 것이 불행이지 불황은 그것에 비하면 아무것도 아니다. 물론 불황은 불행으로 얼마든지 변질될 수 있는 수많은 위험 요소를 갖고 있다. 때문에 우리는 긍정의 힘을 길러야 한다. 코너를 돌 때 넘어지지 않으려면 자신을 굳게 믿고 끝까지 밀어붙이는 힘, 내 안에 있는 긍정의 힘을 꺼내 쓰자.

02

이변

—

블랙 스완은 아무도 예측하지 못한 '이변'을 가리키는 말이다.
현대사회에서는 과거와 달리
모든 구성원들이 유기적으로 연결되어 있어서
한 곳에서 발생한 작은 위기가
삽시간에 모두를 위기 상태에 빠뜨릴 수 있다.

2012년에
지구가 멸망한다고?

몇 년 전, 영화 「2012」를 본 적이 있다. 거대한 지진과 쓰나미로 인류가 한순간에 멸망하는 모습이 어찌나 생생했던지 보는 내내 공포감에 사로잡혔었다. 그런데 왜 하필 2012년일까. 여기에는 나름의 근거가 있다. 5200년 전 마야인들이 남겼다는 달력이 2012년 12월 21일에 끝나기 때문이다. 일부에서는 2012년에 지구가 행성과 충돌한다는 시나리오까지 등장했다. 이처럼 2012년 멸망설이 하도 기승을 부리자 급기야 나사가 직접 나서서 해명하는 일까지 벌어졌다.

이러한 일들을 단순한 해프닝이라고도 볼 수 있지만 분명한 것은 많은 이들이 '이러다 정말 지구가 망하는 것 아닌가' 생각할 정도로 불안해한다는 사실이다. 지난 여름만 해도 엄청난 비가 쏟아져 강남 한복판이 물에 잠기고 우면산이 무너졌다.

가을에는 이상 고온 현상으로 전력에 과부하가 걸려 전국 곳곳이 정전되는 초유의 상태가 벌어지기도 했다.

그나마 한국은 나은 편이었다. 미국에서는 기록적인 폭설과 잇따른 토네이도로 인해 수백 명의 인명 피해가 발생했다. 태국에서는 7월과 11월 후반 사이에 발생한 홍수로 600명 이상이 사망했고 적어도 420억 달러의 피해를 입었다. 특히 방콕 근처의 100여 개 공장들이 침수되면서 자동차와 전기 공급망에 혼란이 일어났다. 아프리카에서도 수십 년 만에 최악의 홍수가 일어나 소말리아에서 기아가 발생했다. 이로 인해 현재까지 1300만 명이나 되는 사람들이 굶주리고 있다.

물론 이 중에서도 가장 충격적이었던 것은 지난 3월 후쿠시마 원자력발전소 사고를 일으킨 대지진이다. 일본 동북부 미야기현 센다이에서 발생한 규모 9.0의 강진은 미 지질조사국의 관측이 시작된 이래 네 번째로 큰 규모로 기록됐다. 동일본 대지진으로 2만 5000명 이상의 인명 피해와 일본에서만 20조 엔 (약 280조 원) 이상의 경제적 손실이 발생했다.

게다가 지진은 일본 당국과 도쿄전력 측의 안일한 대응으로 인해 사상 최악의 원전 사고로 번져나갔다. 통제 불능 상태에 빠진 후쿠시마 원전에서 누출된 방사성 물질이 대기와 해류를 타고 전 세계로 확산되면서 사람들의 불안감은 증폭됐고, 원전 정책의 전면 수정을 요구하는 목소리가 세계 각국에서 빗발쳤다.

원전에 대한 일본 정부의 통제력이 회복되면서 원전 사고의 충격은 서서히 가시고 있지만, 일본은 여전히 원전 누출 사고의 후유증으로 몸살을 앓고 있다. 세계 최고의 '매뉴얼 국가'로 불리는 일본마저도 이러한 규모의 지진 발생과 그로 인한 원전 사고를 대비하지 못했고, 그 대가는 실로 엄청났다.

'블랙 스완'이
떠도는 세상

최근 들어 '블랙 스완(black swan)'이라는 키워드가 전 세계를 휩쓸고 있다. 1697년 호주에서 검은 백조가 발견되기 전까지만 해도 유럽 사람들은 모든 백조가 흰색인 줄만 알았다. 이후 블랙 스완은 '진귀한 것' '존재하지 않을 것이라고 생각하는 것' 또는 '불가능하다고 인식된 상황이 실제로 발생하는 것'을 가리키는 은유적 표현으로 사용되어 왔다.

　이처럼 블랙 스완은 아무도 예측하지 못한 '이변'을 가리키는 말이다. 예측하지 못했으니 당연히 대비책 마련도 제대로 됐을 리가 없다. 블랙 스완의 실체가 무엇인지 파악하는 데만 해도 상당한 시일이 소요될 수 있고, 문제를 파악하는 동안 블랙 스완으로 인해 야기된 제2, 제3의 피해가 엄청나게 커질 수 있다. 현대사회에서는 과거와 달리 모든 구성원들이 유기적으로 연결되어 있어서 한 곳에서 발생한 작은 위기가 삽시간에 모두를 위기 상태에 빠뜨릴 수 있다.

블랙 스완은 단지 자연재해만이 아니다. 2001년의 9·11 테러, 2008년의 미국 금융위기, 2011년의 유럽발 재정위기 등도 이번에 포함된다. IMF 때만 해도 우리가 잘못해서 당했다고는 하지간 2008년과 2011년에 각각 일어난 경제위기들은 성격이 다르다. 미국이 금융 정책을, 유럽이 재정 정책을 엉망으로 만든 피해를 고스란히 한국이 떠안은 형국이다. 가만히 앉아 있다가 갑자기 회사가 망하고, 주가가 폭락하는 꼴을 지켜봐야하는 한국인들 입장에서는 이보다 큰 '이변'이 없는 셈이다.

문제는 앞으로도 이런 블랙 스완이 더 많아지면 많아졌지 줄지는 않을 것이라는 사실이다. 한반도만 해도 백두산 폭발 가능성이 점점 현실화되고 있다. 지난해 수도권에서 3.0도 지진이 발생했듯이 더 이상 지진에서 자유롭지도 않다. 국지성호우와 가뭄이 번갈아 나타나면서 크고 작은 인명 피해와 재산 피해, 물가 폭등과 같은 사회문제가 일어날 가능성도 점점 높아지고 있다. 유럽발 재정위기도 당분간 수그러들 기세가 아니다. 한마디로 2012년은 불확실성의 정점을 찍게 될 '블랙 스완의 해'가 될 것이다.

재난을 이겨내는
'마음의 힘'

지구 온난화로 인한 기상 이변과 각종 자연재해는 결국 인간이 자초한 결과다. 끝없는 탐욕으로 인해 자연을 너무 많이 끌어다 쓴 것이다. 아마도 그래서 자연이 우리에게 할 말이 생긴 듯하다. 인간이 자연을 파괴한 만큼 우리가 들어야 할 말들도 점점 늘어나고 있다. 문제는 자연이 한 번 소리를 내기 시작하면 심각한 상황이 벌어진다는 것이다.

언제 벌어질지 모르는 이변과 재난을 견디는 힘은 무엇일까. 똑같은 대지진이 발생했던 아이티에서는 약탈과 방화, 습격으로 더 큰 인명 피해가 발생했지만 일본인들은 국가적 공황상태에서도 동요하지 않고 끝까지 침착했다. 일본인에게는 오랜 자연재해 속에서 단련된 '마음의 힘'이 있었기 때문이다. 대이변이 발생했을 경우, 당장 눈앞의 공포에 위축되기보다는 냉철한 판단력으로 나와 내 이웃을 돌볼 줄 아는 마음의 힘을 가져야 한다. 어떤 재난에도 끝까지 사람의 마음, 휴머니티를 잃지 않아야 모두가 더불어 그 상황을 이겨낼 수 있다.

SNS

정치인들이나 연예인들이 자신의 트위터에 남긴
140자는 연일 헤드라인 뉴스로 떠오른다.
정부에 반감을 가진 시민들은 SNS를 통해 목소리를 높이고
오프라인에서 함께 모인다.

트위터,
더 이상 째려보지 말자

세 번째 키워드는 바로 SNS(Social Network System)이다. 트위터, 페이스북으로 대표되는 SNS가 우리의 삶을 바꾸고 있다. 2011년 인터넷이용실태조사 결과를 보면 지난해 말 기준으로 국내 스마트폰 이용자가 2000만 명을 돌파했고, SNS 가입자도 트위터가 550만 명, 페이스북이 540만 명에 달한다. 특히 페이스북의 강세는 놀라울 정도다. 페이스북은 현재 전 세계 8억 명 이상의 유저를 보유하고 있다. 또 9억 개의 페이지와 그룹 이벤트, 커뮤니티 페이지가 존재하고 매월 300억 원 이상의 가치를 지닌 콘텐츠가 공유되고 있다.

지난해 SNS는 우리의 일상 속으로 광범위하게 파고들었다. 정치인들이나 연예인들이 자신의 트위터에 남긴 140자는 연일 헤드라인 뉴스로 떠오른다. 정부에 반감을 가진 시민들은 SNS

를 통해 목소리를 높이고, 오프라인에서 함께 모인다. 특히 「나꼼수」 열풍으로 소셜 미디어 바람이 거세게 불면서 「나꼼수」가 대안 언론으로 거론되기도 했다. 기성 언론에 대한 대중의 불신이 그만큼 크다는 얘기다. 그러나 아직도 우리 주변에는 SNS를 구경만 하는 사람들이 꽤 있다. 그중에는 구더기 무서워 장 못 담근다는 이들도 적지 않다.

"트위터엘 들어가봤더니 쓸데없는 소리나 하고, 되도 않은 걸 알티하질 않나······. 하여간 나랑 안 맞아!"

하지만 세상을 곁에서 곁눈질로 '째려보면' 결코 그 실체를 알 수 없다. 들어가서 똑바로 봐야 비로소 알 수 있다. 나 역시 바깥에서 볼 때는 트위터에 그다지 마음이 가지 않았다. 그러나 워낙 SNS 열풍이 거세게 불어 적어도 이게 뭔지는 알아야겠다는 생각이 들었다. 그렇게 재작년 12월에 뒤늦게 트위터를 시작했다. 막상 들어가보니 새롭게 배우고 소통할 수 있는 채널이 무궁무진했다. 물론, 장점만큼이나 문제점도 있지만 그 둘을 구분해내는 능력은 안에 들어가야만 생긴다. 결코 옆에서 째려본다고 생기는 능력이 아니다.

디지털 시대를 살아가는 우리는 정보의 바다에 노출돼 있다. 기존의 TV, 신문부터 인터넷 뉴스, 블로그, 카페 게다가 트위터, 페이스북까지. 이제는 가만히 있어도 휴대폰과 아이패드를 통해 맞춤형 정보가 알아서 찾아온다. 다양한 채널로 엄청난 양의 정보가 쏟아지고 있는 것이다. 특히 SNS의 인기가 높아지면서 트위터나 페이스북 같은 SNS가 올해 안에 몇 개 더 생겨날 수도 있다.

진실과 거짓을
가려보는 판단의 힘

문제는 SNS가 개인 미디어이다 보니 가공이 쉽다는 것이다. 소셜 네트워크 안에서 진실을 가려볼 줄 아는 판단의 힘이 갈수록 중요해지는 이유다. 리트윗이 꼬리에 꼬리를 물면서 진짜와 가짜의 구분이 어려워지고 있다. 또한 사실이 확인되지 않은 루머나 괴담, 선정적인 영상, 상업적 목적의 허위 광고 등이 여과 없이 전파되는 현상은 소셜 미디어의 폐해로 꼽힌다.

　지난해 11월에 가수 이효리, 이건희 삼성전자 회장, MC 강호동이 '자택에서 숨 쉰 채 발견'됐다는 장난 글이 트위터를 통해 전국적으로 확산됐던 사례가 대표적이다. 북한의 연평도 포격 사건 때에는 2003년 이라크 전쟁 당시 폭격당한 바그다드 시의 위성사진이 폭격당한 연평도 사진으로 둔갑해 전파되기도 했다.

올해는 선거의 해를 맞아 팟캐스트와 SNS가 더더욱 화두가 되고 있다. 심지어 정치인의 SNS 활용 여부가 선거 당락에 영향을 미칠 정도다. 지난 지방자치단체 선거를 비롯한 각종 선거 때마다 등장했던 투표 독려 메시지와 투표 인증샷은 젊은 세대의 정치 참여를 불러일으켰다. 때문에 정부에서는 SNS에 대한 규제를 강화하려 하고 있지만 이는 자칫 상당한 논란을 가져올 수 있다.

중요한 것은 진실과 거짓을 가려볼 줄 아는 개개인의 '판단의 힘'이다. '트친'들의 의견은 경청하되 그것에 동조할 것인지 말 것인지 분명한 기준을 갖고 있어야 한다.

SNS로 걸어 다니는
고객을 잡아라!

또 하나, SNS는 마켓의 판도까지 뒤흔들고 있다. SNS로 '움직이는 쇼핑'이 가능해진 것이다. 우리 회사에서 가장 바쁜 최 이사가 얼마 전에 못 보던 옷을 입고 나타났다. 애가 둘인 데다 분당에서 머나먼 서교동까지 출근하느라 백화점 갈 시간도 없는데 웬일인가 싶었다. 그런데 알고 보니 옷을 '지하철'에서 샀단다.

"요즘 쿠팡이니, 티켓 몬스터니 하는 데 많잖아요. 겨울 코트를 반값에 팔길래 지하철에서 휴대폰으로 하나 샀어요."

일종의 'SNS 쇼핑'을 가능하게 해주는 소셜커머스 시장 매출액은 2010년 500억 원에서 2011년 5000억 원 규모로 1년 만에 열 배 이상 커졌다. 소셜 쇼핑 초창기의 서비스 품목은 새로 개업한 레스토랑이나 헤어숍 등으로 한정적이었지만 요즘에는 해외 유명 스포츠 브랜드는 물론 가전제품이나 해외여행

상품으로까지 그 영역이 확장되면서 소비자들은 다양한 상품을 스위 '득템'할 수 있게 됐다.

모바일 결제가 일상화되면서 이제 기업들은 앉아 있는 고객이 아닌 걸어 다니는 고객을 잡아야 하는 시대가 됐다. SNS의 시대에 맞게 제품과 서비스의 기획 자체부터 달라져야 한다. 특히 올해는 SNS가 미디어, 콘텐츠, 서비스, 마켓까지 우리의 일상을 더 크게 뒤흔들 것으로 보인다. 때문에 향후 내 제품이 어떤 출구로 팔려나갈지에 대한 판단, 그리고 정보를 판단하는 일관성 있는 기준을 가지려면 올해에는 SNS라는 중요한 키워드를 연구할 필요가 있다.

04

정치

개인이 선택할 수 있는 5년짜리 트렌드는 정치밖에 없다.
불황, 이변, SNS 등은 개인이 선택할 수 없는 환경이다.
그러나 적어도 정치는 개인에게 선택권이 있다.
친절하게도 당신은 어떤 트렌드를 선택하겠느냐고 물어보는 것이다.

개인이 선택할 수 있는
유일한 트렌드

마지막으로 2012년 하면 빼놓을 수 없는 게 바로 정치다. 정치
만큼 우리의 일상생활에 영향을 미치는 게 또 있을까. 정치는
우리의 식탁마저 지배한다. 외국에서 들여오는 먹거리에 지나
치게 관대한 정당이 권력을 잡으면 밥 먹을 때마다 불안에 떨
수도 있다. 전기 요금? 당연히 집권 여당의 공공 정책에 달렸
다. 교육은 말할 나위도 없고 길거리의 보도블록을 얼마 만에
갈아 치우느냐까지 죄다 정치의 영역이다. 우리의 삶을 좌지
우지하는 것은 결국 정치라는 얘기다. 이처럼 정치는 365일
우리의 일상 속에 숨 쉬고 있다. 그런데 올해는 전 국민이 정
치의 향방을 결정지을 두 번의 시험을 앞두고 있다. 4월 총선과
12월 대선이 그것이다.

여기서 정치인을 잘못 뽑으면 앞으로 4~5년 동안은 바꿀 수

가 없다. 유권자로서, 국민의 한 사람으로서 이것처럼 환장할 노릇이 없다. 아무리 마음에 안 들어도 무조건 임기가 끝날 때까지 기다려야 하니 말이다.

그동안 정치는 트렌드를 바꿔왔다. 정권 교체가 이뤄질 때마다 교육 트렌드, 미디어 트렌드, 소비 트렌드가 달라진다. 그런데 따지고 보면 여기에 중요한 키포인트가 있다. 개인이 선택할 수 있는 5년짜리 트렌드는 정치밖에 없다. 불황, 이변, SNS 등은 개인이 선택할 수 없는 환경이다. 그러나 적어도 정치는 개인에게 선택권이 있다. 친절하게도 당신은 어떤 트렌드를 선택하겠느냐고 물어보는 것이다.

올해 내가 뽑는 국회의원, 대통령에 따라 내 생업 트렌드가 달라진다면 이것은 엄청난 숙제이지만 동시에 둘도 없는 기회다. 때문에 우리는 2012년만큼은 정치에 에너지를 집중할 필요가 있다.

많은 사람들이 분석하다시피 올해의 정치 환경은 상당히 복잡해 보인다. 이념, 세대, 지역, 계층, 노사 갈등 등이 복합적으로 얽혀 있기 때문이다. 특히 2011년 재보궐선거에서 나타난 '세대 투표' 양상은 그동안 한국의 정치 지형을 구분했던 잣대가 '세대'로 이행하고 있음을 보여주었다. 과거 우리나라에서 투표 성향을 결정지었던 가장 중요한 변수는 '지역'이었다. 그러나 각 지역을 호령했던 '3김'이 정계를 떠난 후 '이념'이 중요한 기준으로 작용했다가, 최근 이것이 다시 '세대'로 옮겨 오는 양상이다. 특히 지역구도가 약한 서울에서는 '2040 동맹'이 주목을 받았다. 이제 선거에서 세대 이슈를 제대로 이해하지 못하면 승리를 장담하기 어려운 상황이 된 것이다.

2012년,
선택의 힘이 필요하다

본격적인 선거철이 되면 각종 쟁점들이 또다시 이슈화될 것이다. 남북문제를 둘러싼 이념 문제, 거기다 불황으로 인한 사회 양극화, 청년 실업, 정규직과 비정규직 사이의 갈등도 수면 위로 떠오를 전망이다.

해외의 영향도 무시할 수 없다. 2012년은 미국, 프랑스, 러시아 등 전 세계 29개 국가에서 대선이 치러지는 '글로벌 정권 교체'의 해다. 쟈스민 혁명, 반(反)월가 시위 등에서 나타난 시민의 분노가 선거에서 재현될 가능성이 크다. 또한 이런 분위기는 미디어와 SNS를 타고 국내 정치에도 영향을 끼칠 것이다.

때문에 우리는 새삼 우리가 가진 '선택의 힘'에 집중해야 한다. 복잡한 정치 환경 속에서도 더 나은 미래, 더 풍요로운 사회를 만들기 위해 과연 누구를 택해야 하는지 열심히 공부할 필요가 있다.

지금까지 2012년의 트렌드를 좌우할 네 가지 주요 환경을 살펴보았다. 지금부터는 구체적으로 이를 각각의 개인에게 적용한 '다섯 가지 자기계발 키워드'를 살펴볼 차례다. 다섯 가지 키워드는 전적으로 내 개인적인 분석과 통찰에서 나온 결과다. 물론 수많은 연구소들이 내놓은 자료에 근거하고 있지만 '자기계발'이라는 틀로 트렌드를 재해석한 것은 이 책이 유일하다.

제대로 된 나만의 융합 공식이 완벽히 맞아떨어지는 순간, 여러분은 스스로 나 자신을 예언할 수 있다. 매일같이 시대의 흐름을 관찰하고 내 인생을 관찰하면 내 안의 '가장 나다운 나'와 만나게 될 테니까.

Part 3

2012년
자기계발
5대 키워드

멘토십

멘토십은 2012년에 더 강력한 힘을 발휘할 전망이다.
이제 사람이든 기업이든 제품이든 대중은 깨달음과 진정성,
소통 능력을 가진 쪽으로 알아서 이동할 것이다.

'방사형 인간'은
안철수를 좋아한다

첫 번째 키워드는 멘토십이다. 나는 확신한다. 올해에 과연 누가 돈을 벌까. 멘토다. 내년에 누가 대통령이 될까. 멘토다. 내년에 어떤 제품이 뜰까. 멘토적 속성을 가진 제품이다. 왜일까? 소비자가 바뀌어서다. 제품을 구매하고, 사람을 선택하는 주요 계층인 20~40대의 속성이 변화하고 있다. 이른바 '수직형 인간'에서 '방사형 인간'으로 바뀐 것이다. 우리 아버지 세대만 해도 전형적인 수직형 인간이었다. 피라미드 구조로 위에서 명령하면 따라가는 게 당연했다. 자발성보다는 수동성이, 내 의견보다는 윗분들의 의견이 훨씬 더 중요했다.

그런데 요즘은 어떤가. 사회 전반적으로 피라미드는 진작에 무너졌고 수평적인 매트릭스 구조가 대세다. 그 안의 사람 하나하나를 현미경으로 살펴보면 개개인이 독립된 방사형 구조다. 가운데 핵에서 사방으로 바퀴살처럼 뻗어나가는 형상이다.

방사형 인간의 가장 큰 특징은 '자발성'이다. 이들은 누가 따라오란다고 끌려가지 않는다. 오직 자신이 원할 때만 움직인다. 위에서 시키고 권위로 밀어붙인다고 따라가면 루저(loser) 취급당한다. 이들은 인터넷상에서도 필요할 때 모였다가 볼일이 끝나면 흩어지는 독립형 유닛(unit)으로 움직인다.

방사형 인간들이 리더가 아닌 멘토를 원하는 것도 자발성 때문이다. 그들에게 멘토는 '나를 따르라'고 외치는 높으신 분이 아니다. 자신과 비슷하고, 내 얘기에 공감해줄 수 있는 누군가다. 그래서 이들은 일단 멘토에게 멘션을 날리고 본다. 나 역시 트위터를 통해 비슷한 멘션을 많이 받았다.

"원장님은 저의 롤모델입니다. 멘토가 돼 주세요."

나이는 상관없다. 요즘에는 딸 친구뻘 되는 20대 초반의 대학생들에게도 이런 멘션이 자주 온다. '노인돌'로 불리는 이외수의 팔로워는 무려 110만 명이 넘는다. 권위는 이외수와 가장 어울리지 않는 단어다. '비권위'야말로 멘토십의 핵심이다. 또 하나는 진정성이다. 사람에 대한 진정성을 말할 때, 우리는 세태에 굴하지 않고 자신이 택한 길을 고집스럽게 고수해온 인물들을 떠올린다. 특히 그런 인물들이 진정한 실력자일 때 대중의 신뢰는 더 커진다. 상업적인 논리로 움직이는 세상에서 외길을 고수하는 것은 일반적으로 큰 희생을 감당해야 하기 때문이다.

우리 사회의 멘토로 일컬어지는 이외수, 박경철, 안철수 같은 사람들에게는 그들만의 진정성 있는 스토리가 있다. 세상과의 타협을 거부하고 끝까지 자신만의 작품 세계를 구축한 이외수, 시골의사로 나눔과 봉사를 실천한 박경철, 촉망받는 의사의 길을 포기하고 컴퓨터 바이러스 백신을 최초로 만들어 무료로 배포한 안철수. 게다가 이들은 말과 행동이 같다. 눈앞의 이익을 좇아 얕은 꼼수를 부리지도 않는다. 때문에 방사형 인간들은 진정성 있는 이런 멘토들에게 자발적으로 다가간다. 안철수와 박경철이 출연한 청춘콘서트에 참가한 대학생은 전국적으로 수만 명에 달한다. 이런 멘토 열풍은 내년 총선과 대선에까지 영향을 미칠 것이다. 20~40대들은 정치에서도 똑같이 멘토십을 가진 국회의원, 대통령을 원하고 있다.

자발성은
오직 진정성과만 거래한다

방사형 인간들의 자발성은 SNS에서 다시 한 번 확연히 드러난다. 트위터와 페이스북이 대세가 되자 많은 정치인들이 비서들에게 '무서운(?) 지시'를 내렸다.

"한 달 안에 팔로워 1만 명 만들어!"

비서들은 죽을 맛이다. 세상에 그것만큼 어려운 일이 없기 때문이다. 차라리 후원금 10억 원을 모으는 게 빠르지 팔로워 1만 명을 무슨 수로 만들라는 말인가. 한 사람, 한 사람의 자발성을 이끌어내기란 보통 일이 아니다. 얼마 전 국회의원 한 분에게 전화가 왔다. 자신이 방금 트위터에 글을 올렸는데 그걸 리트윗해달라는 부탁이었다. 어찌할까 고민하다 차일피일 미뤘다. 그 뒤로 전화가 없었던 걸 보니 아마 잊어버린 모양이다. 당시의 내 심정도 똑같았다. 후원금 100만 원 내는 건 할 수 있지만 죽어도 리트윗은 하고 싶지 않았다. 여기서 우리는 한 가지 명제를 기억할 필요가 있다.

'자발성은 오직 진정성과만 거래한다.'

이는 마케팅에도 똑같이 적용될 수 있다. 방사형 인간들에게는 옛날 방식의 물량 공세가 통하지 않는다. 워낙 똑똑한 데다 정보 식별 능력이 뛰어나서 뭐가 진짜이고 가짜인지 금방 구분해내기 때문이다. 그래서 요즘에는 광고에 60억 원씩 쏟아부어도 예전처럼 잘 먹히지를 않는다. 세탁기 광고를 보면서 '광고 잘 만들었네'라고 감탄해도 막상 세탁기를 살 때는 뭐가 좋은지 처음부터 일일이 비교 검색한다. 때문에 마케팅에서도 고객의 자발성을 이끌어내는 것이 중요한 화두다.

고객의 마음을 움직이려면 제품과 서비스에 멘토십이 담겨 있어야 한다. 멘토의 속성, 즉 깨달음을 주는 코칭, 쌍방향 소통, 진정성 등이 담겨야 한다는 것이다. 대표적인 상품이 바로 「슈퍼스타K 3」이다.

대표적인 멘토십 상품
「슈퍼스타K 3」

「슈퍼스타K 3」는 멘토적 성격이 매우 강한 프로다. 가수 지망생들이 성장하는 모습을 보며 나 역시 많이 배웠다. 특히 이번에 1등을 차지한 '울랄라 세션'은 그 자체로 훌륭한 멘토였다. 일단 생김새부터 매우 비권위적(?)이다. 나와 비슷한 사람들이 꿈을 찾아 최선을 다하는 모습에서 우리는 진한 감동을 느꼈다. 특히 암 투병을 하고 있던 리더 임윤택의 말은 사람들에게 많은 것을 생각하게 했다. 마지막 라운드에서 1등을 한 뒤 그가 남긴 수상 소감에는 15년간 갈고닦은 통찰이 담겨 있다.

"우리 팀은 뭐든 잘하는 사람들이 아니라 가장 소중한 것을 포기한 사람들이 모인 것이다."

이처럼 「슈퍼스타K 3」는 깨달음, 진정성, 공감 등 멘토적 속성이 강했기에 케이블 TV의 한계를 넘어 전 국민에게 사랑받을 수 있었다.

또 하나, 「나는 가수다」 역시 멘토적 속성이 강한 프로그램 중 하나다. 10년 넘게 한 길을 걸어온 가수들의 모습 속에는 그들만의 농익은 콘텐츠가 압축돼 있었다. 하도 배울 거리가 많아 지난해 '나는 가수다에서 배운다'는 강의를 만들어 MBC에서 두 차례 강의하기도 했다.

나는 그 강의에서 가수 윤도현에게는 배고픔의 효용가치를, 박정현에게는 테크닉의 중요성을, 이소라에게는 소신과 분별을, 임재범에게는 '인생의 빚'에 대해 배우자고 이야기했다. 이처럼 예능조차 그 속에 진정성과 깨달음이 있어야 시청자들의 자발성을 이끌어낼 수 있다.

아이폰에서
깨달음을 얻다

그렇다면 멘토적 속성을 가진 제품은 없을까? 내게는 그것이 아이폰과 아이패드다. 나는 개인적으로 스티브 잡스를 무척이나 존경한다. 그가 갖고 있었던 천재성 때문이 아니다. 그가 자신의 천재성으로 '세상의 룰'을 바꾸었기 때문이다. 방송국이나 출판사가 아니면 유통이 불가능했던 내 강의들은 지난해 어플리케이션과 팟캐스트를 통해 널리 퍼져 나갔다. 아이폰 덕에 이제 능력만 있으면 누구나 개인 방송국을 차리거나 0.99달러의 주인이 될 수 있다.

발상의 전환을 통해 거대 자본에 밀려 고군분투하고 있는 마이너들에게 기회를 열어준 아이폰은 전 세계적으로 신드롬 현상을 일으켰다. 지난해 아이폰 4가 나왔을 때 수많은 이들이 한두 달씩 기다리는 불편을 감수하면서도 오직 아이폰만 고집했다. 스마트폰 업계에서 유례를 찾아볼 수 없는 무시무시한 자발성이었다. 이들에게 아이폰은 단순한 스마트폰 이상의 무엇, 나 자신과 실시간으로 소통하고 영감을 주는 일종의 멘토였던 셈이다.

이러한 멘토십은 2012년에 더 강력한 힘을 발휘할 전망이다. 이제 사람이든 기업이든 제품이든 대중은 깨달음과 진정성, 소통 능력을 가진 쪽으로 알아서 이동할 것이다. 내 안의 멘토십은 얼마나 준비돼 있나. 우리 회사에, 내 제품과 서비스에 멘토적 속성이 몇 퍼센트인가 진지하게 고민하고 집중할 때다.

공공성

나눌 게 있다는 것은 즉,
내가 아직도 많은 걸 가진 '부자'라는 사실을 스스로에게 증명하는 행위다.
잊지 말자. 내 일과 삶에서 공공성을 10퍼센트 높이면
행복지수도 10퍼센트 올라간다는 사실을.

주민들이
세운 마을 병원

자기계발 5대 키워드 중 두 번째는 공공성이다. 자기계발 이야기를 하다 왜 뜬금없는 공공성 타령이냐고 할 수도 있지만, 최근 들어 공공성은 중요한 트렌드로 떠오르고 있다. 국가나 조직뿐만이 아니라 개개인에게도 '사적지수'와 '공공지수'가 있다. 사람에 따라서 사적지수가 매우 높은 이도 있고 공공지수가 사적지수를 압도하는 경우도 있다. 핵심은 결국 공공지수가 '인간의 품격'을 결정하는 잣대라는 것이다. 한 시대의 성인이나 위대한 기업가, 영웅으로 기억되는 사람들은 하나같이 공공지수가 월등히 높았다.

마찬가지로 한 사회의 품격을 결정하는 것도 공공성에 대한 구성원들의 인식이다. 지적 수준이 낮고 가난에 시달리는 개발도상국에서는 공공성이 제대로 발휘되기 어렵다. 그러나 전 국민의 소득과 지식수준이 높아지면 공공성도 함께 성장한다. 우리나라도 국민소득 2만 불 시대에 접어들면서 전 국민이 점차 공공성을 중요한 가치로 인식하고 있다. 생태, 환경, 공익, 사회적 약자에 대한 배려 등이 당연한 사회적 책임으로 받아들여지고 있다. 괜찮은 사람, 위대한 기업의 기준이 이제는 부자나 대기업이 아니라 공공지수가 높은 사람 혹은 기업으로 옮겨가고 있는 것이다. 이는 미국이나 유럽의 선진국에서는 이미 보편화된 트렌드다.

2006년 「USA 투데이」에서 실시한 여론조사에 따르면 13세에서 25세의 미국인 61퍼센트가 세상을 바꾸는 일에 책임을 느낀다고 답했다. 81퍼센트가 지난 한 해 동안 자원봉사에 참여한 적이 있고, 69퍼센트가 물건을 살 때 그 회사가 사회나 환경 문제에 있어 얼마나 책임 있는 행동을 하는지 고려한다고 답했다. 또 83퍼센트가 사회문제나 환경문제에 대해 책임감 있게 행동하는 기업을 더 신뢰한다고 답했다.

공공성에 대한 요구는 불황과 이변이라는 악재를 만나면서 더욱 강해지고 있다. 앞에서도 말했지만 2012년 일본이 발표한 올해의 한자는 '키즈나'였다. 사람들과의 끈끈한 연대, 유대의 소중함을 한마디로 표현한 것이다. 비극적인 재난을 겪고 나자 결국 가장 중요한 것은 내 가족과 이웃이라는 공감대가 사회 전반적으로 퍼져 나간 결과다.

불황도 마찬가지다. 이미 한국은 경제 성장기를 지나쳐 선진국과 비슷한 저성장 궤도에 올랐다. 게다가 미국 금융위기, 유럽 재정위기 등으로 언제 불황이 끝날지 앞이 보이지 않는 상황이다. 때문에 과거와 같은 치열한 경쟁과 시장 만능주의가 아닌 다른 대안을 찾아야 한다는 자성의 목소리가 높아지고 있다. 부익부 빈익빈 대신 상생과 공존의 패러다임으로 전환해야 한다는 것이다.

개인의 힘으로 어찌할 도리가 없는 거대한 불황과 이변 앞에서 사람들은 다시 '공동체의 힘'에 주목하기 시작했다. 방사형 인간들이 SNS와 인터넷을 이용해 자발적으로 새로운 형태의 공동체를 만들어내고 있다. 생태와 유기농에 관심이 많은 사람들이 각종 생협에 가입해 현지 주민과 인터넷 직거래로 농산물을 구입하는 것은 이제 익숙한 풍경이다. 대안학교 형태의 크고 작은 교육공동체와 공동육아 등도 지속적으로 성장하고 있다. 지역 주민들이 모여 서로의 아이를 돌봐주는 형태의 공동육아는 믿고 맡길 수 있다는 점 때문에 만족도가 상당히 높다. 이뿐인가. 의료공동체도 있다. 안산의료공동체는 안산 지역 주민들이 십시일반 기금을 모아 의원, 한의원, 치과를 만든 것이다. 지역 주민이 CEO인 셈이니 가격은 물론 서비스 품질도 최고 수준이다.

스페인 대기업 순위 7위,
몬드라곤

경기도 군포에서는 지역 주민들이 '공동 자동차'를 샀다. 등록비 5만 원에 1년 회비 5만 원만 내면 필요할 때마다 내 차처럼 쓸 수 있다. 선진국형 카쉐어링(car-sharing, 자동차 공유제)이 국내에도 정착되기 시작한 것이다. 이산화탄소 배출도 줄이고 기름 값도 아낄 수 있으니 일석이조다.

우리나라는 아직 초기 단계지만 해외에는 관심사가 비슷한 사람들끼리 시간과 공간, 기술, 돈 같은 유·무형자산을 공유하는 모델이 많다. 사무실을 공유하거나 정원을 함께 쓰고 때로는 주차장을 공유하기도 한다. 이는 단순한 나눔을 넘어 새로운 비즈니스 모델로 각광받고 있다. 예를 들어 카우치서핑(Couchsurfing.org)은 전 세계의 남는 방을 빌려주려는 사람과 공짜로 하룻밤을 묵으려는 여행자들을 연결시켜 주고 돈을 번다. 2010년을 기준으로 전 세계 235개국 7만 973개가 넘는 도시에서 170만 명 이상이 카우치서핑을 이용했다. 하루 평균 페이지뷰도 3500만 건이 넘는다. 이처럼 발상만 바꾸면 공공성은 새로운 사업 아이디어가 될 수 있다.

2012년은 UN이 정한 '세계협동조합의 해'이다. 글로벌 금융위기를 겪으면서 다양한 협동조합들이 자본주의 경제위기의 대안으로 새삼 주목받고 있다. 실제로 스페인의 협동조합 그룹인 몬드라곤은 미국발 금융위기로 고용률이 20퍼센트 감소하는 상황에서도 연간 1만 4000명 이상의 노동자를 신규 고용해 전 세계적으로 주목을 받았다. 인원수가 500명 이내인 작은 조합들이 모여서 만든 몬드라곤은 지난해 120개 협동조합에서 8만 5000명의 노동자들이 일하는 스페인 대기업 순위 7위(고용 규모 3위)의 거대 기업으로 성장했다. 이 정도면 협동조합운동도 해볼 만하지 않은가?

내 삶에 10퍼센트의
공공성을 추가하자

공공성은 불확실성의 시대를 살아가는 우리에게 개인적으로도 꼭 필요한 화두다. 지난해 일본에 쓰나미가 왔을 때 가족을 한꺼번에 잃었던 한 남자가 있었다. 상상할 수도 없는 최악의 불행 앞에서 그는 어떻게 했을까. 보통 사람 같으면 분노와 슬픔 속에 자신을 놓아버렸겠지만 그는 달랐다. 다친 사람들을 돌보고 거동을 하지 못하는 노인들을 업고 피난소로 내달렸다. 한시도 쉬지 않고 움직이는 그를 보며 사람들이 물었다. 왜 그렇게까지 하는 거냐고. 당신도 가족을 다 잃었는데 이럴 힘이 도대체 어디서 나오느냐고.

"전 힘들지 않아요. 가만히 누워 있으면 제 입에서 불행만 튀어나오거든요. 그런데 나보다 더 힘든 사람을 업고 다니면 잠시라도 불행을 잊을 수 있습니다. 이건 나 자신을 위한 일이에요."

　주변 환경이 힘들어질수록 불행이 다가올수록 나눔을 실천해보자. 나눌 게 있다는 것은 즉, 내가 아직도 많은 걸 가진 '부자'라는 사실을 스스로에게 증명하는 행위다. 잊지 말자. 내 일과 삶에서 공공성을 10퍼센트 높이면 행복지수도 10퍼센트 올라간다는 사실을.

03

위로

올해는 나 자신을 위한 '위로 시스템'도 세팅하자.
3박 4일 템플스테이를 떠나도 좋고,
주말마다 살사댄스를 배우면서 활력을 충전해도 좋다.
지쳐 있는 자신을 더 이상 방치하지 말고 되살리고 북돋아주자.

만성 우울증에
시달리는 미국인들

세 번째 키워드는 '위로'다. 올해 독자 여러분이 자주 써야 할 말들이 있다. 말이 나온 김에 한번 따라해보자.

"야, 괜찮아!" "그만하길 다행이네." "다음엔 더 잘될 거야."

올해에는 주변 사람들에게, 그리고 나 자신에게 부지런히 위로의 말을 건네자. 위로는 2012년의 중요한 키워드가 될 테니 말이다.

한국 사람들은 요즘 단체로 우울하다. 2003년도에는 64퍼센트였던 행복지수가 2011년 52퍼센트로 떨어졌다. 무려 12퍼센트나 더 우울해진 것이다. 원인이야 여러 가지가 있겠지만 사람들이 공통적으로 짜증을 내는 것은 이런 상황이다. '아무리 노력해도, 죽어라 했는데도 내가 원하는 것을 가질 수 없을 때.' 더 짜증나는 것은 그럼에도 불구하고 '누군가 너무 쉽게 그걸

가져갈 때.'

박탈감을 느끼는 사람들이 늘어난다는 것은 날이 갈수록 부의 대물림 현상이 심각해진다는 증거다. 실제로 이제는 우리 아버지처럼 시골에서 돼지를 키워 자식들을 서울로 대학 보내는 일이 거의 불가능해졌다. 서울대학교에 따르면 2010년 신입생 중 아버지가 농축수산업에 종사하는 비율은 전체의 0.7퍼센트에 불과했다. 1998년만 해도 4.7퍼센트였는데 12년 만에 6분의 1 수준으로 줄어든 것이다. 지난해 서울대학교에 합격한 서울 지역 고등학생의 41퍼센트가 강남 3구 출신이라는 것도 교육을 통해 부가 세습되는 현실을 적나라하게 보여준다. 나 역시 우리 딸 세대에 태어났다면 아마 연세대학교 근처에도 못 갔을 것이다.

그러나 나는 아직도 "개천에서 용 난다" "부자가 삼대 못 간다"는 말을 제일 좋아한다. 부모가 물려준 부는 자식이 노력하지 않으면 삼대를 못 가야 정상이고, 25세 이후에 죽기 살기로 뛰면 나이 50이 다 됐을 때 내 꿈을 이룰 수 있어야 정상적인 나라다. 그것이 불가능한 사회는 비정상이며, 왜 안 되느냐고 분명히 따져 물어야 한다. 물론 사회에 묻기 전에 자신한테 먼저 물어보는 것을 잊어서는 안 된다. 자신에게는 물어보지 않고 자꾸 남에게만 묻는 게 습관이 되면 문제가 심각해진다. 평생 자신의 숙제를 한 번도 풀지 못하고 자식에게 대물림할 가능성이 높기 때문이다.

분명한 사실은 갈수록 사회 시스템은 꽉 짜여가고, 내가 원하는 걸 얻기는 점점 더 힘들어진다는 것이다. 게다가 눈앞의 불황마저 언제 끝날지 앞이 보이지 않는다. 월급은 동결되고, 물가는 오르고, 삶은 점점 더 팍팍해지고 있다.

미국의 비즈니스 잡지 「패스트 컴퍼니」는 2008년 금융위기 이후 2년간 미국 전역을 돌면서 직장인들의 심리 상태를 조사했다. 미국인들이 불황 속에서 얻은 마음의 병이 심각하다는 판단에서였다. 900명을 대상으로 인터뷰와 설문조사를 벌인 결과 "최근 직장 생활에서 가장 많이 경험하는 감정은 무엇입니까?"라는 질문에 4명 중 3명꼴(73퍼센트)로 좌절(frustration) 이라는 부정적인 감정을 써냈다. 분노 역시 만연했다. "최근에 1년간 상사가 불같이 화를 내는 모습을 본 적이 있습니까?"라는 질문에는 60퍼센트가 그렇다고 답했다. 이들 대부분은 "경제위기 전보다 상사가 화를 내는 횟수가 늘었다"고 답했다. "상사가 화를 낼 때 어떻게 하고 싶습니까?"라는 질문에는 응답자 절반이 "울고 싶다" 혹은 "뭔가를 던지거나 때리고 싶다"고 답했다. 이 정도면 거의 만성적인 우울 증세다.

기업 내
'위로 시스템'이 필요하다

이런 사정은 한국도 크게 다르지 않다. 취업 정보 전문업체인 잡코리아에 따르면 2009년 한국의 정규직 직장인 10명 중 6명 정도가 직장을 잃을지도 모른다는 불안감에 시달리고 있었다. 고용 불안을 느끼는 정규직 직장인은 2006년의 약 45퍼센트에서 꾸준히 증가하여 2009년에는 약 58퍼센트로 3년 만에 13퍼센트나 증가했다.

이러한 고용 불안으로 인한 스트레스 증가는 우울증과 같은 정신 질환으로 직결된다. 국민건강보험공단에 따르면 한국의 불안 장애 치료자 수는 2004년 37만 명에서 4년 동안 34.1퍼센트나 늘었다. 직장인들 가운데서는 무려 62.9퍼센트가 우울증을 앓고 있는 것으로 나타났다.

이처럼 불황은 불안과 좌절, 분노를 일으키며 상당수의 직장인들이 마음의 병에 걸리게 한다. 이런 상태에서 일이 제대로 될 리 없다. 이는 기업의 입장에서도 엄청난 손실이다. 하버드 비즈니스스쿨의 로자베스 켄터 교수는 이렇게 말했다.

"구조조정과 임금 삭감만이 능사가 아니라 직원이 이룬 작은 승리를 격려하고, 조그마한 아이디어라도 격려하는 것이 불황 전선을 돌파하는 길이다."

때문에 요즘에는 기업들도 직원들을 위한 '위로 비용'을 따로 책정한다. 똑같이 10억 원의 매출을 올려도 작년보다 훨씬 더 힘들었을 직원들을 위로하기 위한 격려 비용인 셈이다. 구글의 찰리스 카페 미팅(Charlie's Cafe Meeting)처럼 CEO가 정기적으로 임직원들과 직접 소통하는 시스템을 만들기도 하고, 직원 복지에 조금 더 신경을 쓰는 회사들도 늘어나고 있다. 만약 현재 기업을 운영하고 있는 CEO나 임원이라면 내년에 직원들을 위해 어떤 '위로 시스템'을 만들 것인지 고민할 필요가 있다. 꼭 많은 비용을 들일 필요는 없다. 돈보다는 마음과 진정성을 나눌 수 있는 프로세스만으로도 충분하다.

'위로 마케팅'으로
고객을 잡아라!

위로는 마케팅 분야에서도 핵심 키워드다. 일단 콘텐츠에서부터 위로가 들어가야 팔린다. 지난해 최고의 위로 상품은 김난도 교수의 『아프니까 청춘이다』였다. 이 책은 불황으로 가장 고통받았던 20대들을 정확하게 겨냥하면서 밀리언셀러의 반열에 올랐다. 취업난에 학자금 융자까지 이중고, 삼중고를 겪는 청춘들의 아픔을 세밀하게 읽었기에 가능했던 일이었다. 불황이 한층 더 피부로 다가올 올해 역시 위로 키워드는 유효하다. 콘텐츠 창작자라면 내 작품에 위로를 어떻게 접목시킬지 한번 고민해보자.

영업이나 홍보 마케팅에서도 위로는 필수 키워드다. 지난 IMF 때도 위로 마케팅이 대세였다. 이를테면 주머니가 얇아진 고객들을 위해 상품을 파격적인 가격으로 할인해주는 것이다.

당시 대학가 앞에는 '1000원 짜장면' 가게가 유행이었다. 여의도나 광화문 등 직장인들이 밀집한 지역에서는 한동안 반값으로 점심을 팔던 식당들도 꽤 있었다. 한 커피 전문점은 에스프레소 머신을 고객들에게 무료로 빌려줘 선풍적인 인기를 얻었다. 유럽의 저가 항공사인 라이언에어(RYAN AIR)는 아예 공짜 좌석을 내놓았는데 오히려 매출은 10퍼센트 이상 늘었다.

물론 일부 업종에서는 부유층을 겨냥한 VIP 혹은 VVIP 마케팅을 펼치고 있다. 그러나 불황일수록 VIP 마케팅에 신중하게 접근할 필요가 있다. 불황은 단순히 '물건 팔기가 힘들다'가 아니라 '국민 전체가 힘들어한다'는 의미이기 때문이다. 이처럼 마케팅에 위로라는 키워드와 함께 앞서 얘기했던 멘토십, 공공성을 더해보자. 이전에는 생각하지 못했던 새로운 아이디어가 샘솟을 수도 있다.

마지막으로 중요한 것 한 가지가 있다. 올해는 나 자신을 위한 '위로 시스템'도 세팅하자. 아예 위로 비용을 따로 책정해서 스스로를 체계적으로 격려하는 것이다. 3박 4일 템플스테이를 떠나도 좋고, 주말마다 살사댄스를 배우면서 활력을 충전해도 좋다. 지쳐 있는 자신을 더 이상 방치하지 말고 되살리고 북돋아주자. 이 책을 읽으며 올해를 준비하는 당신은 충분히 그럴 자격이 있다.

원천 기술

불황 때는 사람을 뽑을 때도 훨씬 까다로워진다.
외식을 자주할 때는 아무 데나 가지만 외식 횟수를
한 달에 딱 한 번으로 줄이면 기어이 맛집을 찾아가는 것과 똑같은 이치다.
불황 때는 사람이든 음식점이든 제품이든 특A급만 살아남는다.

당신의
원천 기술은 무엇인가

그다음 중요한 트렌드 키워드가 바로 '원천 기술'이다. 원천 기술은 다른 말로 '핵심 기술'이다. 원천 기술은 불황과 이변 등 변화가 심할 때 그 가치가 제대로 빛난다. 얼마 전에 우리 회사 출판팀에서 새로 작가를 채용했다. 그런데 이력서를 보니 심히 걱정스러웠다. 이전에 여러 잡지사에서 일했는데 자기가 들어갈 때마다 잡지가 폐간되는 바람에 본의 아니게 이직을 했다는 것이다. '혹시 우리 회사도 망하는 거 아냐?'라는 생각이 잠시 스쳤지만 결국 그를 뽑았다. 10여 년간 글을 쓰면서 쌓은 '원천 기술'이 워낙 탄탄해서다.

불황에도 아랑곳없이 취업이 잘되는 사람들은 하나같이 원천 기술을 갖고 있다. 그러나 '가공 기술'만 가진 사람은 위기에 취약하다. 얼마든지 대체 가능한 인력이기 때문이다.

특히나 불황 때는 사람을 뽑을 때도 훨씬 까다로워진다. 호황 때는 워낙 인력을 많이 뽑다보니 능력보다는 스펙에 혹하는 경우도 있지만 불황 때는 '매의 눈'으로 당장 현장에서 쓸 수 있는 능력을 따진다. 외식을 자주할 때는 아무 데나 가지만 외식 횟수를 한 달에 딱 한 번으로 줄이면 기어이 맛집을 찾아가는 것과 똑같은 이치다. 사람들은 영리해서 화려한 인테리어에 속지 않는다. 이용자의 맛집 후기를 꼼꼼히 검색해서 다른 음식점은 따라올 수 없는 수준의 원천 기술을 가진 집으로 몰린다. 때문에 불황 때는 사람이든 음식점이든 제품이든 특A급만 살아남는다.

우리 회사에서 작가를 뽑을 때, '스펙'상으로는 화려한 지원자들이 적지 않았다. 그런데 토익 점수부터 해외 연수, 각종 자격증까지 두루 갖추었지만 가장 중요한 핵심 기술은 부족한 사람이 많았다. 짧은 호흡의 글은 그럭저럭 쓰는데 단행본 한 권 쓸 필력은 딸리는 것이다.

그러나 이 정도 급의 인재는 요즘 너무 많다. 굳이 그를 뽑아야 할 이유가 없다. 적어도 글쟁이라는 직업을 선택했다면 원천 기술에 집중했어야 한다. 물론 이는 기본적으로 장기 투자다. 일정한 수준에 오를 때까지는 배고픔을 감수해야 한다. 디자이너, 요리사, 연기자 등 전문직 치고 초반에 힘들지 않은 일이 어디 있을까. 이를 견디면서 꾸준히 밀어붙이는 뚝심이 있어야 비로소 나만의 원천 기술을 얻을 수 있다.

나 역시 20년간 강의하면서 나만의 원천 기술을 쌓았다. 많은 사람들이 나의 원천 기술을 '스피치'라고 생각하겠지만 나에게 말은 가공 기술일 뿐이다. 강의의 원천 기술은 바로 생각하고 깨닫는 능력이다. 콘텐츠를 만드는 힘, 그게 없었다면 나는 3년 내내 똑같은 소리만 떠들다가 진작에 사라졌을 것이다.

그런데도 많은 강사들이 원천 기술보다는 말이라는 가공 기술을 연마하는 데 더 신경을 쓴다. 스피치 스킬만 연습하는 것이다. 그러다 보니 나와 함께 강의를 시작했던 대다수의 서비스 강사들이 불황과 함께 집으로 돌아갔다. 어차피 비슷한 얘기를 들을 거라면 최고의 강사에게 강사료 조금 깎아서 듣는게 낫기 때문이다.

원천 기술은
변형이 가능하다

그러나 원천 기술이 있는 강사는 불황에도 살아남을 수 있다. 당시 여성 리더십 강의는 내가 최초로 만들었고 오직 나만이 할 수 있는 얘기였다. 때문에 나는 불황에도 전혀 영향을 받지 않았다. 지금도 마찬가지다. 뉴스에서 매일같이 불황이라고 떠들고 있지만 여전히 내 스케줄 표는 주말까지 꽉 차 있다. 나만의 원천 기술로 늘 새로운 강의를 만들어내기 때문이다. 나는 지금도 매달 '김미경의 파랑새'에서 새로운 강의를 선보인다. 올해로 강의한 지 20년이건만, 한 시간 반짜리 강의를 만드는 일은 쉽지 않다. 낮에는 강의하고 밤에는 직원들과 파랑새 강연을 준비하느라 밤을 샌다.

원천 기술의 강점은 변형이 가능하다는 것이다. 나는 생각하고 깨닫는 내 원천 기술로 세상의 모든 것을 강의로 만들 수 있다. 누군가의 인생, 누군가의 책, 심지어「나는 가수다」같은 예능 프로그램 하나만 보고도 얼마든지 한 시간 동안 말할 수 있다. 그뿐인가. 이렇게 책도 쓸 수 있다.『아트 스피치』도 쓰고 『꿈이 있는 아내는 늙지 않는다』도 쓰고,『언니의 독설』(전 2권) 도 쓴다. 주제는 다 다르지만 통찰의 밀도와 품질은 비슷하다 (세 권 모두 10만 부 이상 팔린 베스트셀러이기도 하다).

내가 앞서 말한 작가를 뽑은 이유도 다양한 글쓰기가 가능했기 때문이다. 기본 원천 기술이 탄탄했던 그 작가는 300매짜리 단행본부터, 10매짜리 칼럼, 10줄짜리 건배사까지 자유자재로 썼다. 게다가 잡지사 기자 출신이라서 에디팅 능력에 디자인 감각까지 있었다. 탄탄한 원천 기술에 몇 가지 가공 기술까지 보너스로 갖고 있었던 셈이다. 불황 때일수록 두세 사람이 할 일을 혼자서 할 수 있는 인재가 매력적일 수밖에 없다.

'관계적 원천 기술'을
키워라!

원천 기술이 꼭 특정한 기술만을 의미하지는 않는다. '관계적 원천 기술'이라는 것도 있다. 우리 회사 매니지먼트팀의 최 이사는 강의나 프로그램 개발을 하지 않는다. 그럼에도 그녀는 엄청난 원천 기술을 보유하고 있다. 일단 그녀는 우리 회사에서 16년을 버텼다. 회사 거래처며 고객, 영업 등의 방대한 히스토리를 다 꿰고 있다. 게다가 리더십도 있어서 직원들의 절대적인 지지를 받고 있다. 아무리 불황이 온들 내가 최 이사를 내보낼까? 절대 불가능한 일이다.

CEO의 입장에서 보자면 관계적 원천 기술에 비하면 기능적 원천 기술은 훨씬 단순하다. 아무리 기술적으로 뛰어나도 눈한 번 질끈 감으면 내보낼 수 있다. 그런데 관계적 원천 기술을 가진 사람은 걸리는 데가 너무 많아서 함부로 내보내지 못한다. 자칫 그 직원과 함께 거래처도 사라지고 밑의 팀원들도 없어질 수 있기 때문이다. 고구마 줄기처럼 줄줄이 딸려 나오면 뽑으려다 결국 포기하고 만다. 그래서 어려운 때일수록 관계적 원천 기술을 잘 닦아놓는 게 중요하다.

물론 이 두 가지를 모두 갖추고 있으면 금상첨화다. 대부분 이런 사람들이 끝까지 성장해서 CEO 자리에까지 올라간다. 이번에 새로 바뀐 삼성 사장들의 면면을 보니 엔지니어 출신들이 많았다. 기술적 원천 기술과 관계적 원천 기술 모두 인정받았다는 얘기다. 독자 여러분들도 이 두 마리 토끼를 놓치지 말고, 2012년만큼은 나만의 원천 기술을 닦는 데 집중해보면 어떨까.

05

융합

융합은 IT와 미디어, 문화 산업 쪽에서 핫 키워드로 떠오르고 있다.
융합은 다양해진 대중의 요구에 맞는
새로운 시너지 창출의 수단이다.

자기계발 융합의
세 가지 법칙

마지막 자기계발 키워드는 융합이다. 융합의 사전적 의미는 이렇다. "다른 종류의 것이 녹아서 서로 구별이 없게 하나로 합해지거나 그렇게 만듦. 또는 그런 일." 쉽게 말해 서로 다른 것이 합쳐져 완전히 새로운 것으로 진화한다는 개념이 강하다.

요새 융합은 IT와 미디어, 문화 산업 쪽에서 핫 키워드로 떠오르고 있다. 통신, 인터넷, TV가 하나로 통합된 스마트 기기 시장이 우리의 일상을 뒤흔들었다. 인문학과 경영, 과학과 종교 등 학문 간의 이종교배가 날로 늘어가고 있다. 융합은 다양해진 대중의 요구에 맞는 새로운 시너지 창출의 수단이다.

융합은 자기계발에서도 빼놓을 수 없는 키워드다. 단어가 조금 거창하게 느껴지기는 하지만 학자들과 몇몇 천재들만 융합하라는 법은 없다. 우리가 지금 갖고 있는 것과 알고 있는 것

몇 가지로도 간단한 '융합 공식'을 만들어볼 수 있다. 이를 내 생업과 직업에 적용해보는 것이다. 물론 여기에는 몇 가지 법칙이 있다.

자기계발 융합의 세 가지 법칙은 다음과 같다. 첫 번째, 원천 기술에 먼저 집중하라. 융합은 기본적으로 원천 기술이 있어야만 가능하다. 융합의 기본은 뿌리다. 깊고 곧은 뿌리 하나가 견고하게 지탱하고 있어야 그 위에 다른 것을 합해도 흔들리지 않는다. 안철수 서울대학교 융합과학기술대학원장도 "한 분야에서 일단 전문성을 쌓은 다음에 다른 분야에 대한 응용이라든지 융합을 생각해야지, 너무 일찍 융합 쪽으로 접근하는 것은 위험한 일"이라고 말한 적이 있다.

두 번째, 트렌드와 접목하라. 앞에서 누누이 강조했듯이 트렌드는 미래를 현재 시점으로 읽는 일이다. 끊임없는 관찰로 과거-현재-미래로 이어지는 트렌드의 흐름을 읽어 이를 자기계발에 대입시켜 보자.

세 번째, 원천 기술과 가장 먼 것을 찾아보라. 그래야 틈새시장이 열린다. 누구나 생각하는 뻔한 제품과 서비스에서 벗어나려면 생각의 틀을 완전히 바꿔볼 필요가 있다. 이 세 가지 법칙을 전제로 나만의 '자기계발 융합 공식'을 한번 만들어보자.

원천 기술+트렌드+가장 먼 것= ?

공식만 보면 감이 잘 잡히지 않을 테니 직접 예를 들어보자. 상담이 원천 기술인 사람이 있다. 오랫동안 상담을 해왔기 때문에 누구보다 그 일은 자신이 있다. 그런데 경기를 타면서 상담일이 갈수록 줄어들어서 고민이다. 그래서 트렌드를 살펴봤더니 요새는 뭐든지 전문가에게 아웃소싱하는 게 대세다. 웨딩플래너, 커플 매니저 등 결혼이나 연애까지도 전문적인 카운슬러들이 알아서 해준다. 그런데 이미 그 시장은 레드오션이다.

뭔가 새로운 게 없을까 고민하다가 원천 기술인 상담과 가장 거리가 멀어 보이는 분야 하나가 떠올랐다. 바로 '이혼'이다. 원래 합칠 때보다 헤어질 때가 정리하기 훨씬 복잡한 법이다. 당장 위자료나 재산 분할, 친권, 양육권 등 풀어야 할 문제가 한두가지가 아니다. 이혼하고 난 후도 막막하다. 가정주부라면 이혼 후에 어떻게 일자리를 구할 것인지, 자녀 양육과 직장 생활을 어떻게 병행할 것인지 전문적으로 상담해줄 사람이 절실히 필요하다.

실제로 박원순 서울시장은 『세상을 바꾸는 천 개의 직업』이라는 책에서 '이혼 플래너'라는 직업을 제시했다. 이혼 플래너는 이혼을 결심한 사람들에게 이혼 절차나 준비 과정, 이혼 후에 발생할 문제들에 대해 미리 알려주고 맞춤형 정보나 도움을 제공할 수 있다. 이혼을 둘러싼 모든 문제를 종합적으로 컨설팅해주는 것이다. 이미 독일에서는 이혼을 도와주는 이혼 전문 회사가 성업 중이라고 한다.

게다가 한국의 이혼율은 점점 높아지고 있다. 통계청 발표에 따르면 2010년 32만 6100쌍이 결혼하고 11만 6900쌍이 이혼했다고 한다. 부부 3쌍 중 한 쌍이 이혼하는 시대가 된 것이다. 씁쓸한 현실이지만 이혼 플래너가 블루오션이 될 가능성은 충분해 보인다. 자, 이를 융합 공식화하면 어떻게 정리할 수 있을까? 다음과 같은 공식이 나온다.

상담 기술+전문 아웃소싱+이혼= 이혼 플래너

「나꼼수」의
융합 공식은?

이제 다른 예를 하나 더 들어보자. 이들의 원천 기술은 '정치평론'이다. 10여 년 동안 한결같이 정치평론의 길을 걸어왔다. 여기에 팟캐스트라는 최신 트렌드가 가세했다. 아이폰, 아이패드의 보급과 함께 '1인 방송국 시대'를 연 팟캐스트는 새로운 대안 미디어로 각광받고 있다. 여기에 이들의 원천 기술과 가장 거리가 멀어 보이는 키워드가 합쳐졌다. 바로 '예능'이다. 기존의 정치평론은 언제나 심각하고 근엄했다. 그런데 이들은 여기에 예능을 가미해 정치인들만의 정치를 전 국민의 오락으로 만들었다. '국내 유일의 가카(각하)를 위한 헌정방송'이라는 타이틀로 지난 4월 27일 첫 방송을 시작한 「나꼼수」 얘기다.

「나꼼수」는 현재 팟캐스트 정치뉴스 분야에서 세계 1위를 기록 중이다. 매회 직접 다운로드 수만 200만 건이 넘고, 직접 다운로드 이외의 여러 경로를 통해 최소한 600만 명 이상이 듣는 것으로 추산되고 있다. 2011년 최대의 '대박 상품'이 아닐 수 없다. 이를 융합 공식화하면 다음과 같다.

정치평론+팟캐스트+예능= 나꼼수

이제 퀴즈를 내보겠다. 이 융합 공식의 답은 무엇일까. 원천 기술은 강연이다. 트렌드는 스피치 교육, 가장 먼 것은 음악이다.

강연+스피치 교육+음악= ?

정답은 아트 스피치다. 물론 당시 융합 공식을 생각하며 아트 스피치를 만든 것은 아니었지만 결과적으로 맞아떨어졌다. 나는 많은 원우들이 도와준 덕분에 3여 년 만에 스피치 업계에서 최고의 자리에 올라설 수 있었다. 음악과 스피치의 공통점에 착안해 발음, 발성 웅변 교육에 머물렀던 스피치 교육의 패러다임을 바꿨기에 얻을 수 있었던 결과다.

자기계발에 융합 공식을 적용하면 트렌드에 맞아떨어지면서도 완전히 차별화된 상품을 만들 수 있다. 기존에 보이지 않았던 틈새시장이 열리기도 한다. 중요한 것은 원천 기술이다. 내 원천 기술이 무엇인지 그리고 얼마만큼 무르익었는지부터 점

검해야 한다. 확신이 서지 않는 사람은 조급해하지 말고 먼저 원천 기술부터 만들자. 가공 기술에 아무리 최신 트렌드를 합쳐봐야 졸작밖에 나오지 않는다.

제대로 된 나만의 융합 공식이 완벽히 맞아떨어지는 순간, 여러분은 스스로 나 자신을 예언할 수 있다. 더 이상 연초마다 5만 원을 들고 점집을 찾아다니지 않아도 된다. 매일같이 시대의 흐름을 관찰하고 내 인생을 관찰하면 내 안의 '가장 나다운 나'와 만나게 될 테니까.

Trend

KI신서 3792

2012년 **자기계발**을 위한 트렌드 **키워드**

1판 1쇄 발행 2012년 2월 10일
1판 3쇄 발행 2012년 11월 29일

지은이 김미경 **집필지원** 서유상
펴낸이 김영곤 **펴낸곳** (주)북이십일 21세기북스
부사장 임병주 **MC기획2실장** 안현주
브랜드기획1팀장 정혜원 **브랜드기획2팀장** 이현정
MC기획2실 손인호 조영갑 오미현 이지혜 **디자인** 김진디자인
마케팅영업본부장 최창규
마케팅 김현섭 강서영 최혜령 김다영 이은혜 **영업** 이경희 정병철 정경원
출판등록 2000년 5월 6일 제10-1965호
주소 (우 413-120) 경기도 파주시 회동길 201(문발동)
대표전화 031-955-2100 **팩스** 031-955-2151 **이메일** book21@book21.co.kr
홈페이지 www.book21.com
21세기북스 트위터 @21cbook **블로그** b.book21.com/book_21

ISBN 973-89-509-3548-1 03320
책값은 뒤표지에 있습니다.